論語義疏

下

〔梁〕皇侃撰

·桂林·
廣西師範大學出版社
GUANGXI NORMAL UNIVERSITY PRESS

論語憲問第十四　何晏集解　凡卌四章

疏 憲者弟子原憲也、問者問於孔子進仕之法也、所以次前者、顏路既允文允武、則學優者宜仕、故憲問次於子路也、○

憲問恥。弟子原憲問孔子凡行事最爲可恥者也、子曰。邦有道穀。答可恥事也、將言可恥者、先舉不恥者也、穀祿也、若有道則以可仕而食其祿也、

孔安國曰。穀祿也。邦有道。當食其祿也。

邦無道穀。恥也。此可恥者、若君無道而仕食其祿、則可爲恥也、

孔安國曰。君無道而在其朝食其祿。是恥辱也。

克伐怨欲不行焉。可以爲仁矣。克勝也、謂性好凌人也、伐謂有功而自稱、

怨謂小小忌怨、欲貪欲也、原憲又問若人能不行此四事、可以得爲仁也、

馬融曰。尅好勝人也。伐自伐其功也。怨忌小怨也。欲貪欲也。

子曰。可以爲難矣。仁則吾不知也。孔子不許、能不行前四事、則爲難耳、謂爲仁則非吾所知也、仁者必不伐、不伐必有仁、顔淵無伐善、夷齊無怨、老子云少私寡欲、此皆是仁也、公綽之不欲、孟之反不伐、原憲蓬室不怨、則未及於仁、故云不知也、

苞氏曰。此四者行之難者。未足以爲仁也。

子曰。士而懷居。不足以爲士矣。懷居猶居求安也、不足爲士謂非士也、君子居無求安、士也、若懷居、非爲士也、

士當志道不求安。而懷其居非士也。

子曰。邦有道。危言危行。危厲也、君若有道、必以正理處人、故民以可得嚴厲其言理行也、

苞氏曰。危厲也。邦有道可以厲言行也。

邦無道。危行言遜。君若無道、必以非理罪人、故民下所行乃嚴厲不同亂俗、而言不可厲、厲必獲罪、當遜順隨時也、江熙云、仁者豈以歲寒虧貞松之高志、於言語可以免害、志知愈深、孔子曰、諾、吾將仕矣、此皆遜辭以遠害也、

遜順也。厲行不隨俗。順言以遠害也。

子曰。有德者必有言。既有德則其言語必中、故必有言也、

德不可以憶中。故必有言也。夫德之爲事、必先有言語教喩、然後其德

成、故有德者必有言、有言是不可憶度中事也、

有言者不必有德。人必多言、故不必有德也、殷中堪云、修理蹈道、德之義也、由德有言、言則未矣、未可矯而本無假、故有德者必有言、有言者不必有德也、李充曰、甘辭利口似是而非者、佞巧言之言也、敷陳成敗、合縱連橫者、說客之言也、凌誇之談多方論者、辯士之言也、德音高合、發爲明訓、聲滿之天下、若出全有德之言也、故有德必有言、有言不必有德也、

仁者必有勇。殺身成仁、故必有勇也、

勇者不必有仁。暴虎馮河不必有仁也、殷仲堪云、誠愛無私、仁之理也、見危授命、若身手之相救焉、存道忘生、斯爲仁矣、若夫強以肆武、勇以勝物、陵超在於要利、輕死、元非以爲仁、故云、仁者必有勇、勇者不必仁、李充云、陸行不避虎兕者、獵夫之勇也、水行不避蛟龍者、漁父之勇也、鋒刄交於前、視死若生者、烈士之勇也、知窮之有命、知通之有時、臨大難而不懼者、仁者之勇也、故仁者必有

勇勇者不必有仁也、南宮适。姓南宮、名适、字敬叔、

孔安國曰。适南宮敬叔。魯大夫也。

問於孔子曰。羿善射。奡盪舟。适問孔子之事也、云古有一人、名羿而善能射、故云羿善射、淮南子云、堯時有十日並出、草木焦枯、堯命羿令射之、中其九日、日中烏皆死焉、奡者古時多力人也、盪推也、舟船也、能陸地推舟也、

孔安國曰。羿有窮之君也。有窮夏時諸侯國名也、其君名羿也、簒夏后相之位。簒奪也、夏后禹之後、世爲天子、名相、卽位爲君、有窮之君簒夏后相之位、殺奪之、其臣寒浞殺之。羿奪相位而自立爲君、其位號有窮之君、不修德政、好田獵、臣寒浞殺之而簒其位、因其室而生奡。因猶通也、室妻也、浞旣殺羿而通於羿妻、遂有

孕、生奡、**奡多力。能陸地行舟。**奡是浞之子、多力、於陸地推舟、**爲少康所殺也。**夏后少康亦夏禹後世子孫、又殺奡而自立爲天子也、**俱不得其死然。**言羿奡二人雖能射及多力、俱爲人所殺、不終天壽、故云俱不得其死然、

孔安國曰。此二子者。皆不得以壽終也。

禹稷躬稼而有天下。禹夏禹、禹帝姓姒、名文命、黃帝玄孫鯀之子、謚法受禪成功曰禹、治水九年也、稷后稷、事舜蒔百穀也、躬稼播種也、有天下謂爲天子也、言禹身治溝洫、手足時胼胝、勤勞九州、稷播種百穀、二人不爲篡、並有德爲民、禹即身爲天子、稷子孫爲天子、适所問孔子者、以孔子之德比於禹稷、則孔子亦當必有王位也、**夫子不答。**孔子知适以禹稷比己、故謙而不答也、

馬融曰。禹盡力於溝洫。稷播殖百穀。故曰躬稼也。

禹及其身。禹身得天子也、稷及後世。文王武王得天下也、皆王也。皆爲天子也、适意欲以禹稷比孔子。孔子謙。故不答也。

南宮适出。孔子不答、适自退出、子曰。君子哉若人。尚德哉若人。孔子不對面答适、是謙也、适出後美之、欲天下皆知尚德也、若人如此人也、言适出知賤於羿奡貴重禹稷、所以君子尚德、如此人也、

孔安國曰。賤不義。羿奡之不義、故适賤之、而貴有德。禹稷有德、故貴重也、故曰君子也。然就此南宮适、非周有十士之南宮适也、

子曰。君子而不仁者有矣夫。此謂賢人已下不仁之君子也、未能圓足、時有不仁、如管氏有三歸官事不攝、後則一匡天下九霸諸侯、是長也、袁氏云、此君子無定名也、利仁慕爲仁

者、不能盡體仁、時有不仁、一迹也、夫語助也、未有小人而仁者也。小人併爲惡事、未能有行民善達於仁道、故云未有小人而仁者也、又袁氏曰、小人性不及仁道、故不能及仁事者也、

孔安國曰。雖曰君子。猶未能備也。王弼云、謂假君子以甚小人之辭、君子無不仁也、

子曰。愛之能勿勞乎。愛慕也、凡人有志在心、見形於外也、既有心愛慕此人、學問之道不無勞賴之辭也、忠焉能勿誨乎。忠者盡中心也、誨教也、有人盡中心來者、不無教誨之辭也、

孔安國曰。言人有所愛。必欲勞來之。有所忠。必欲教誨之也。李充曰、愛志不能不勞心、盡忠不能不教誨、

子曰。爲命。爲作也、命君命也、此謂鄭國之事也、作盟會之書也、裨諶草創之。裨諶

鄭國大夫、性靜怯弱、謂其君作盟會之辭、則入於草野之中、以創之、獲之、

孔安國曰。卑諶鄭大夫名也。謀於野則獲。謀於國則否。此注是(春秋十九卷)魯襄公三十一年傳語也、獲得也、諶入野爲盟會之辭則成、於國中則辭不成也、**鄭國將有諸侯之事。則使乘車以適野。而謀作盟會之辭也。**

世叔討論之。世叔亦是鄭大夫也、討治也、論者評也、世叔有不能草創、學問寡才藻、盟會之辭、但能討論治正、諶所造之辭、**行人子羽脩飾之。**子羽亦鄭大夫、行人是學使者官名也、不能始創、又不能討治、能取前人創治者、更彫脩飾之、**東里子產潤色之。**居東里、因爲氏、姓又公孫、僑名、亦曰國僑、字子產、才學過超前之三賢、加添潤色周旋盟會之辭也、有此四賢、

鮮有過失、

馬融曰。世叔鄭大夫游吉也。討治也。卑諶既造謀。世叔復治而論之。詳而審之也。行人掌使之官也。子羽公孫揮也。子產居東里。因以爲號也。更此四賢而成。故鮮有敗事也。更經也、鮮少也、事經此裨諶等之四人也、故鄭國少有敗事也、

或問子產。或人問於孔子、鄭之子產德行於民何如、子曰。惠人也。答或人也、言子產之德於民不吝家貲、拯救於民、甚有恩惠、故云惠人也、

孔安國曰。惠愛也。子產古之遺愛也。子產德行流於後世、有古人之遺風、子產卒、仲尼聞之出涕曰、古之遺愛也、事在春秋(第二十四卷)魯昭公二十四年冬也、

問子西。或人又問孔子鄭之大夫子西德業如何、鄭之公孫夏、或云楚令尹子西、曰。彼哉彼哉。又答或人言人自是彼人耳、無別行可稱也、馬融曰。子西鄭大夫。彼哉彼哉言無足稱也。或曰楚令尹子西也。

問管仲。更或人問孔子齊大夫管仲之德行於民如何也矣、曰。人也。答云、管仲是人也、猶詩言所謂伊人也。詩云所謂伊人於焉逍遙、是美此人、今云管仲人也、是美管仲也、

奪伯氏駢邑三百。釋所以是人之事也、伯氏名偃、大夫駢邑者伯氏所食采邑也、時伯氏有罪、管仲相齊、削奪伯氏之地三百家也、飯蔬食沒齒。無怨言。飯猶食也、蔬猶

麤也、沒終齒年也、伯氏食邑時、家資豐足、奪邑之後、至死而貧、但食麤糲以終餘年、不敢有怨言也、所以然者明管仲奪之當理、故不怨也、

孔安國曰。伯氏齊大夫。駢邑地名也。齒年也。伯氏食邑三百家。管仲奪之。使至蔬食而沒齒無怨言。以當其理故也。

子曰。貧而無怨難。貧交困於飢寒、所以有怨、若能無怨者、則爲難矣、江熙云、顏原無怨、不可及也、富而無驕易。富貴豐足無所應怨、然不應無驕則爲易也、江熙云、若子貢不驕、猶可能也、

子曰。孟公綽爲趙魏老則優。此明人生性分各有所能、趙魏皆晉卿地也、老者采邑之室老也、優猶寬閑也、公綽性靜寡欲、若爲采邑之時、則寬緩有餘裕也矣、不可以

爲藤薛大夫也。藤薛皆小國、職煩、公綽不能爲大夫也、孔安國曰。公綽魯大夫也。趙魏皆晉卿也。家臣稱老。公綽性寡欲。趙魏貪賢。賢人多職不煩雜、故家臣無事、所以優也、家老無職。故優。藤薛小國。大夫職煩。故不可爲也。藤薛二國不貪賢、賢人小、其職煩雜、故不可使公綽爲之、

子路問成人。問人何所行德可爲成人乎、曰。若臧武仲之知。答也、若德成人者、使智如臧武仲、然武仲唯有求立後於魯、而孔子所譏、此亦非智者、齊侯將與臧紇田、臧孫聞之、見齊侯、與之言伐晉、對曰、多則多矣、抑君似鼠、夫鼠晝伏夜動、不穴於寢廟、畏人故也、今君聞晉之亂而後作焉、寧將事之、非鼠如何、乃弗與田、臧孫知齊侯將敗、不欲受其邑、故以比鼠、欲使怒而止、仲尼曰、智

之難也、有臧武仲之智、（謂能避齊禍）而不容於魯國、抑有由也、作不順而施不恕也、夫夏書曰、念茲在茲、順事恕施也、此是智也、事在（春秋第十七卷）襄公廿三年也、

馬融曰。魯大夫臧孫紇也。

公綽之不欲。非唯須智如武仲、又須無欲如公綽、不欲不貪欲、所以唯能爲趙魏老也、范寧云、不欲不營財利也、

馬融曰。魯大夫孟公綽也。

卞莊子之勇。又非但公綽之無欲、又須如卞莊子之勇、莊子能獨搚虎、一云、卞莊子與莊子家臣之、家臣曰、牛者虎之美食、牛盡虎未飽、二虎必鬭、大者傷、小者亡、然後可以揮之、信而言之、果如卞壽之言也、

周生烈曰。卞邑大夫也。

冉求之藝。又非但勇如莊子、又須有藝如求也、文之以禮樂。言備有上四人之才智、又須加禮樂以文飾之也、

孔安國曰。加之以禮樂。文成也。

亦可以爲成人矣。亦可未足之辭、言才智如上四人、又加禮樂、則亦可謂爲成、明人之難也、曰。今之成人者何必然。曰者謂也、向之所答、是說古之成人耳、若今之成人亦不必然也、

見利思義。此已下說下成人之法、是今也、若見財利思仁義、合宜之財然後可取、顏特進云、見利取思義、雖不取、及公綽之不欲、猶顧義也、

馬融曰。義然後取。不苟得也。

見危授命。若見其君之危、則當授命竭身不苟免也、曲禮云、臨財無苟得、臨難無苟免、是也、顏

論語義疏第七

特進云、見危授命、雖不及卞莊子之勇、猶顧義不苟免也、**久要不忘平生之言。**久要舊約也、平生者少年時也、言成人平生期約雖久、至今不得忘少時之言、**亦以可爲成人矣。**言如見利思義、竭身致命、至老不忘平生之言、則亦可得爲今之成人也、

孔安國曰。久要舊約也。平生猶少時也。

子問公叔文子於公明賈。孔子見公明賈相訪、而問公叔文子之事、時公明賈仕公叔文子、故問之者也、**曰。信乎。夫子不言。不笑。不取乎。**此是問公叔文子之事也、夫子呼公叔文子爲夫子、言人傳文子平生不言不笑不取財利、此三事悉孔子未信、故見公明賈而問之也、

孔安國曰。公叔文子衞大夫公孫拔。文謚也。

公明賈對曰。以告者過也。過誤也、答孔子云、文子有此三事、是爲誤耳、實理不然也、夫子時然後言。人不厭其言也。先云是告者誤、後答言似實事對、言我夫子非時不語、語必得之中、既得之中、故世人不厭其言也、樂然後笑。人不厭其笑也。夫笑爲樂、若不樂而強笑、必爲人所厭、更云事言訖然後笑也、義然後取。人不厭其取也。夫取利、若非義取、則爲人所厭、我夫子見得思義、義而後取、故人不厭其取也、子曰。其然。然如此也、言今汝所說者當如此也、豈其然乎。謂人所傳三事、不言不笑不取、豈容如此乎、一云、其然是驚其如此、豈其然乎其不能悉如此也、袁氏云、其然然之、此則善之者、恐其不能、故設疑辭、馬融曰。美其得道。釋其然也、嫌其不能悉然也。釋豈其然也、

子曰。臧武仲以防求爲後於魯。姓臧、名紇、武諡也、防是武仲故食采邑也、爲後謂立後也、武仲魯襄公二十三年爲孟氏所譖、出奔邾、後從邾還防、而使人請於魯爲其後於防、故云以防爲後於魯、雖曰不要君。吾不信也。要謂要君也、不先盡忠而先欺君也、武仲出奔而猶求立後於其故邑、時人皆謂武仲此事非要、孔子據其理是要、故云雖曰不要吾不信也、是不信時人不要之言也、袁氏云、奔不越境、而據私邑求立先人之後、此正要君也、

孔安國曰。防武仲故邑。武仲食邑於防、既已出奔故邑、爲後立後也。其既自出奔欲更立後於防也、魯襄公二十三年武仲爲孟氏所譖。出奔邾。季武子無適子、有公子鉏、是公彌也、及紇是悼子也、季氏愛紇、欲立之、又公子鉏年長、而臧紇謀爲立紇、季氏從之、孟孫死、又廢大立小、是依季氏家用事、故孟氏家惡臧紇、

閉門譖於季孫曰、臧氏將爲亂、不使我葬、欲爲公鉏鑪臧氏、季孫不信、後孟氏除葬道、臧孫使正夫助之除於東門、介甲從己而視之、孟氏又告季孫、怒命攻臧氏之家、臧紇斬鹿門之關以出奔邾、

自邾如防。使爲以大蔡納請。大蔡是大龜也、納進也、進龜是請立後、臧紇有異母兄臧賈臧爲二人在鑄、（在舅氏國也）紇在邾、先遣使以龜告魯、求立爲後、賈聞命矣、再拜受龜、而使弟臧爲以納請、紇遣使後、乃自邾還防、**曰。紇非敢害也。智不足也。**紇至防、使臧爲爲使、至魯傳紇之言、初孟氏譖紇以甲自隨、謂欲爲亂、季孫信而攻之、故紇令謝之而言、己以介甲從己而視之、非敢欲爲害、正是智不足也、**非敢私請。苟守先祀。**又言今日之請、非敢私求還、正是欲求立後守先人之祀、是爲先人之請、**無廢二勳。**是臧文仲宣叔也、是紇之祖父、並於魯有功勳、今願得立祀、是不敢廢二世之勳也、**敢不避邑。**

若二勳大勳不廢、得有守祀之人、則紇敢不避邑、乃立臧爲。魯得紇請、仍立臧爲爲後也、所以立者、臧爲于時又私自爲請求立立己也、紇致防而奔齊。紇得立臧爲後竟、故致防與臧爲、而奔齊、此所謂要君也。還據私邑、求爲先而立後、要望魯邑、即此是要君也、事在（春秋第十七卷）襄公廿三年之傳也、

子曰。晉文公譎而不正。晉文公是晉獻公之子重耳也、初爲驪姬之難、遂出奔新城、遊歷諸國、至三十八年、受命爲侯伯、遂爲之主、此評其有失也、譎詭詐也、文公爲霸主、行詭詐而不得爲正禮、時天子是周襄王微弱、文公欲爲霸主、大合諸侯、而欲事天子以爲名義、自嫌强大不敢朝天子、乃喩諸天子令出畋狩、因此盡君臣之禮、天子遂至晉河陽之地、此是文公譎而不正禮也、事在僖公廿八年、鄭玄曰。譎者詐也。謂召於天子而使諸侯

朝之。仲尼曰。以臣召君。不可以訓。故書曰。天王狩于河陽。是譎而不正也。此臣無召君之禮、而文公召之、故不爲教訓也、故春秋不云晉公召君、但云天王狩于河陽、言是天子自狩以至河陽也、

齊桓公正而不譎。此是齊侯爲霸主依正而行、不爲詐譎、是勝於晉文公也、江熙云、言此二君霸迹不同、而所以翼佐天子以綏諸侯、使車無異轍書無異文也、

馬融曰。伐楚以公義。責苞茅之貢不入。問昭王南征不還。是正而不譎也。魯僖公三年冬、齊侯與蔡姬乘舟于囿、蕩公、蔡姬齊侯夫人、蕩搖也、是搖蕩船也、公懼變色、禁之不可、公怒歸之、未之絶也、蔡人嫁之、至明年四年春、齊侯之師侵蔡、蔡潰散也、遂伐楚、楚子使與師言曰、君處北海、寡人處南海、唯是風馬牛不相及也、不

慮君之涉吾地也、何故、齊侯使管仲對曰、昔召康公命我先君太公曰、五侯九伯、汝實征之、以夾輔周室、賜我先君履、東至于海、西至于河、南至于穆陵、北至于無棣、爾貢包茅不入、王祭不供、無以縮酒、寡人是徵、昭王南征不還、寡人是問、對曰、貢之不入、寡君之罪也、敢不供給、昭王之不還、君其問諸水濱、接春秋齊侯伐楚、責此二事、是正不諦也、楚地出好茅、貢王祭將縮酒、縮酒者謂束茅而灌之以酒、謂之縮酒、楚既久不貢茅、故周王祭時、無茅以供縮酒、乃就齊徵求之、又昭王是成王之孫、南巡狩涉漢、船壞而溺死、周人諱而不赴、諸侯不知其故、故問之、所以伐楚、楚受不貢包茅之失、而不受昭王溺水之咎、于時溺水之地不屬楚境、故云問諸水濱也、事在（春秋第五卷）僖四年春也、

子路曰。桓公殺公子糾。桓公是齊公之子、名小白也、是僖公庶子、子糾是桓公之庶兄、桓公與子糾爭國、而殺子糾也、**召忽死之。**召忽是子糾之傅、子糾被殺、故召忽赴敵而同

死也、**管仲不死。**管仲亦是子糾輔相、召忽既死、管仲猶生、故曰不死、**曰。未仁乎。**曰者謂也、是時人物議者、皆謂管仲不死、是不仁之人也、管仲、非唯不死、亦廻復輔相桓公、故爲無仁恩也、

孔安國曰。齊襄公立無常。此注至召忽死之、並是春秋魯莊公八年傳文、是記前時之事也、襄公者是齊僖公之適子、名諸兒、作倪字呼、是桓公之兄、既得立爲君、風化不恒、爲政之惡、故曰無常、**鮑叔牙曰。君使民慢。亂將作矣。**齊僖公有三子、長是襄公、是鮑叔牙者小白之輔、適次子糾、是庶、小者是小白也、亦是庶、僖公薨、襄公繼父之位、爲君、政不常、相見襄公風政無常、故云亂將作矣、**奉公子小白出奔莒。**叔牙見襄公危政、不居亂邦、故奉小白奔往莒國、**襄公從弟公孫無知殺襄公。**小白奔後、而襄公從弟公母弟夷仲年之子名無知、作亂而殺襄公、自立爲君、禮諸侯之子曰公子、

公子之子曰公孫、公孫之子曰公族、管夷吾召忽。奉公子糾出奔魯。夷吾管仲也、襄公死後、管仲召忽二人、奉持子糾出奔魯、齊人殺無知。齊人是雍廩也、子糾出奔後、公孫得爲君、惡虐于雍廩、齊大夫也、至九年春、雍廩殺無知、魯伐齊納子糾。子糾奔魯、齊人又殺無知、而齊無君、至魯莊公九年夏四月伐齊、入子糾欲擬立爲齊君、納入也、小白自莒先入。是爲桓公。小白先奔在莒、故聞魯伐齊納子糾、故先子糾而入、遂爲君、死、諡爲桓公、乃殺子糾。召忽死也。小白既入得爲君、遂殺庶兄子糾于生竇、在魯地也、故云桓公殺公子糾、召忽死之、一云、召忽投河而死、事在莊公八年九年也、

子曰。桓公九合諸侯。不以兵車。孔子答子路說管仲有仁之迹、齊桓公爲

霸主、遂經九過盟會諸侯、不用兵車而能辨也、不用兵車、而諸侯九會、管仲之力也、史記云、兵車之會三、乘車之會六、穀梁傳云、衣裳之會十一、范寧注云、十三年會北杏、十五年又會鄄、十六年會幽、二十七年又會幽、僖元年會于檉、二年會于貫、三年會于陽穀、四年盟于召陵、五年會于首止、七年會于甯毋、九年會于葵丘、凡十一會、(又非十一會)鄭不取北杏及陽穀爲九會、**管仲之力也。如其仁。如其仁。**管仲不用民力、而天下平靜、誰如管仲之智乎、再言之者深美其仁也、

孔安國曰。誰如管仲之仁矣。

子貢曰。管仲非仁者與。問孔子嫌管仲非是仁者乎、**桓公殺公子糾。不能死。又相之。**此舉管仲非仁之迹、言管仲是子糾之相、而桓公是子糾之賊、管仲既不爲子糾致命殺讎、而更相公、非爲仁也、**子曰。管仲相桓公霸諸侯。一**

匡天下。孔子說管仲爲仁之迹也、管仲得相桓公者、管仲爲子糾爭國、仲射桓公中鉤帶、子糾死、管仲奔魯、初鮑叔牙與管仲同於南陽拯相、敬重叔牙、叔牙後相桓公、而欲取管仲還無漸、因告老辭位、桓公問叔牙、誰復堪爲相者、牙曰、唯管仲堪之、桓公曰、管仲射朕、鉤帶殆近死、今日豈可相乎、牙曰、在君爲君謂忠也、至君有急、當射彼人鉤帶、桓公從之、遣使告魯不放、欲殺管仲、遣使者曰、管仲射我君鉤帶、君自斬之、魯還之、遂得爲相、莊九年夏云、小白既先入、而魯猶輔子糾、至秋齊與魯戰于乾、時魯師敗績、鮑叔牙志欲生管仲、乘勝進軍來告魯曰、(子糾親、請君討之、管召讎也、請受而甘心焉)子糾是我親也、我不忍殺、欲令魯殺之、管仲召忽是我欲自得而殺之、魯乃殺子糾于生竇、召忽死之、管仲請囚、鮑叔牙受之、及堂阜而脫之、遂使爲相也、霸諸侯使輔天子合諸侯、故曰霸諸侯也、一匡天下一切皆正也、

馬融曰。匡正也。天子微弱。桓公率諸侯。以尊周室

一正天下也。

民到于今受其賜。賜猶恩惠也、于時夷狄侵逼中華、得管仲匡霸桓公、今不爲夷狄所侵、皆由管仲之恩賜也、受其賜者。謂不被髮左衽之惠也。王弼曰、于時戎狄交侵、亡荆滅衞、管仲攘戎狄而封之、南服楚師、北伐山戎、而中國不移、故曰受其賜也、

微管仲。吾被髮左衽矣。此擧受賜之事也、被髮不結也、左衽衣前從右來向左、孔子言、若無管仲、則今我亦爲夷狄、故被髮左衽矣也、

馬融曰。微無也。無管仲則君不君臣不臣。皆爲夷狄也。

豈若匹夫匹婦之爲諒也。自經於溝瀆。而莫之知也。孔子更語子貢、喻召忽死之不足爲多、管仲不死不足爲小也、諒、信也、匹夫匹婦無大德、而守於小信、則其宜也、自經、謂經死於溝瀆中也、溝瀆、小處、非宜死之處也、君子直而不諒、事存濟時濟世、豈執守小信死自死於溝瀆、而世莫知者乎、喻管仲存於大業、不爲召忽守小信、而或云、召忽投河而死、故云溝瀆、或云自經、自縊也、白虎通云、匹夫匹婦者、謂庶人也、言其無德及遠、但夫婦相爲配匹而已、

王肅曰。經死於溝瀆之中也。管仲召忽之於公子糾。君臣之義未正成。故死之未足深嘉。不死未足多非。二人並足爲是非也、**死事既難。亦在於過厚。**死是人生之難、而召忽於子糾未成君臣、今爲之死、亦是過厚、不及管仲不死也、**故仲尼但美管**

仲之功。亦不言召忽不當死也。

公叔文子之臣大夫僎。即前孔子所問公明賈之文子也、有臣名僎、亦爲大夫也、

與文子同升諸公。升、朝也、諸之也、公衞君也、文子是衞大夫、僎本是家臣、見之有才德、

不將爲己之臣、恐掩賢才、乃薦於衞君、衞君用之、亦爲大夫、與文子尊卑使敵、恒與文子齊列同班者也、

孔安國曰。大夫僎本文子家臣也。薦之使與己並

爲大夫。同升在公朝也。

子聞之曰。可以爲文矣。子孔子也、聞文子與家臣同升而美之也、言謚爲文也、以

其德行必大、得謚爲文矣、謚音誌、

孔安國曰。言行如是。可謚爲文也。

子曰。衛靈公之無道久也。孔子歎衛靈無道、康子曰。夫如是。奚而不喪。康子魯季康子也、夫指衛靈公也、奚何也、康子問孔子歎衛君無道、故致其言、夫無道者必須喪傾邦、靈公奚無道行意不喪亡其邦乎、孔子曰。仲叔圉治賓客。祝鮀治宗廟。王孫賈治軍旅。夫如是。奚其喪。孔子答康子言靈公無道邦國不喪之由也、此三臣各掌其政也、喪亡也、或問曰、靈公無道、焉得有好臣、答曰或是先人老臣也、未去者也、或是靈公少時可得良臣而後無道、故臣未去也、孔安國曰。言君雖無道。所任者各當其才。何爲當亡乎也。

子曰。其言之不怍。則其爲之難也。怍慙也、人內心虛詐者、外言貌必慙、若內有其實、則外貌無慙、時多虛妄、無慙怍少、故王弼曰、情動於中而外形於言、情正實而後言之不怍、

馬融曰。作慙也。內有其實。則言之不慙。積其實者爲之難也。

陳成子殺簡公。陳恒也、諡成子、魯哀公十四年甲午、齊陳恒殺其君壬于舒州、孔子沐浴而朝告於哀公。魯齊同盟、分災救患、故齊亂則魯宜討之、禮臣下凡欲告君諮謀、必先沐浴、孔子是臣、故先沐浴告於哀公、孔丘三日齊而請伐齊、曰。陳恒殺其君。請討之。此哀公之事也、哀公言、魯爲齊弱久矣、子之伐之、將若之何、對曰、陳恒殺其君、民不與者半、以魯衆加齊之半、可克、是孔子對曰也、

馬融曰。陳成子齊大夫陳恒也。將告君。故先齊。齊必沐浴也。

公曰。告夫二三子。二三子是三卿、仲孫、叔孫、季孫、公得孔子告、不敢自行、更令孔子往告三卿、孔子辭之而不告也、

孔安國曰。謂三卿也。

孔子曰。以吾從大夫之後。不敢不告也。孔子得公令告三卿、故言此答之、言我是大夫、大夫聞事、應告于主君、云從大夫之後者孔子謙也、君曰。告夫二三子者。我禮應告君、本不應告三子、今君使我告三子、我當往告、

馬融曰。我於禮當告君。不當告二三子。君使我往。故復往也。

之二三子之往也、孔子從君命而往、告。不可。三子告孔子曰、不可討齊也、孔子曰。以吾從大夫之後。不敢不告。三子既告孔子云、齊不可討、故孔子復以

此辭語之曰止也、

馬融曰。孔子由君命之二三子告。不可。故復以此辭語之而止之也。

子路問事君。問孔子求事君之法、子曰。勿欺也。而犯之。答事君當先盡忠而不欺也、君若有過、則必犯顔而諫之也、禮云、事君有犯而無隱、事親有隱而無犯、

孔安國曰。事君之道。義不可欺。當能犯顔色諫爭也。

子曰。君子上達。上達者達於仁義也、小人下達。下達謂達於財利、所以與君子反也、

本爲上。末爲下也。明今古有異也、

子曰。古之學者爲己。古人所學己未善、故學先王之道、欲以自己行之、成己而已也、今之學者爲人。今之世學、非以復爲補己之行闕、正是圖能勝人、欲爲人言己之美、非爲己行不足也、

孔安國曰。爲己履而行之也。爲人徒能言之也。徒空也、爲人言之而已、無其行也、一云、徒則圖也、言徒爲人說也、

蘧伯玉使人於孔子。使人往孔子處、孔子與之坐而問焉。孔子與伯玉之使者坐而問之、

孔安國曰。伯玉衞大夫蘧瑗也。

曰。夫子何爲。此孔子所問之事、孔子指伯玉爲夫子、問使者汝家夫子何所作爲耶、對曰。夫子欲寡其過而未能也。使者答言、我家夫子恒自修省、夙夜戒愼、欲自

寡少於過失、而未能寡於過也、

言夫子欲寡其過。而未能無過也。

使者出。使者答竟而出、子曰。使乎使乎。孔子美使者之爲美、故再言使乎者、言伯玉所使得爲其人也、顏子尚未能無過、況伯玉乎、而使者云未能、是得伯玉之心而不見欺也、

陳群曰。再言使乎。善之也。言使得其人也。

子曰。不在其位。不謀其政。誠人各專己職、不得濫謀圖他人之政也、曾子曰。君子思不出其位。君子思慮當己分內、不得出己之外而思他人事、思於分外徒勞不得、袁氏云、不求分外、

孔安國曰。不越其職也。

子曰。君子耻其言之過其行也。君子之人、顧言愼行、若空出言而不能行

遍、是言過其行也、君子恥之、小人則否、**子曰。君子道者三。我無能焉。**言君子所行之道者三、夫子自謙、我不能行其一也、我者孔子自言也、**仁者不憂。**一樂天知命、內省不疚、是無憂、**智者不惑。**二智者以昭了爲用、是無疑惑、**勇者不懼。**三既有才力、是有以捍難衞侮、是無懼敵也、**子貢曰。夫子自導也。**孔子云無、而實有也、故子貢云、孔子自道說也、江熙云、聖人體是極於冲虛、是以忘其神武、遺其靈智、遂與衆人齊其能否、故曰、我無能焉、子貢識其天眞、故曰夫子自道之也、

子貢方人。方比方人也、子貢以甲比乙、論彼此之勝劣者、

孔安國曰。比方人也。

子曰。賜也賢乎我夫哉。夫人行難知、故比方人優劣之不易、且誰聞己之劣、故聖人不言、聖人不言而子貢專輒比方之、故抑之而云賢乎哉、**我則不暇。**事既爲難、故我則不

暇有比方之說、孔安國曰。不暇比方人也。江熙云、比方人不得不長短相傾、聖人誨人不倦、豈當相藏否、故云、我則不暇、是以問師之賢而無毀譽、長物之風於是乎

子曰。不患人不己知。患己無能。言不患人之不知我之有才能也、正患無才能以與人知耳、王肅曰。徒患己之無能也。

子曰。不逆詐。逆者返也、君子含弘接納、不得逆欺物以詐僞也、李充云、物有似眞而僞、亦有物似僞而眞者、信僞則懼及僞人、詐濫則懼及眞人、寧信詐則爲教之道弘也、不億不信。億億必也、事必須驗、不得億必懸期人之不信、李充云、人而無信、不知其可也、然閑邪存誠、不在善察、若見失信於前、必億其無信於後、則容長之風斷、而改過之路塞矣、（億音憶）抑亦先覺者是賢

乎。言若逆詐及憶不信者、此乃是先少覺人情者耳、寧可謂是爲賢者之行乎、李充云、夫至覺忘覺、不爲覺以求覺、先覺雖覺、同逆詐之、不覺也、

孔安國曰。先覺人情者。是寧能爲賢乎。或時反怨人也。言先覺或濫、則反受怨責也、顏特進云、能無此者、雖未窮明理、而亦先覺之次也、

微生畝謂孔子曰。丘何爲是栖栖者與。無乃爲佞乎。微生畝見孔子東西遑遑屢適不合、故呼孔子名而問之也、言丘何是爲此栖栖乎、將欲行詐佞之事於時世乎也、

苞氏曰。微生姓也。畝名也。

孔子對曰。非敢爲佞也。疾固也。孔子答云、我之栖栖、非敢詐佞、政是忿疾世固陋、我欲行道以化之故耳、

苞氏曰。疾世固陋。欲行道以化之也。

子曰。驥不稱其力。稱其德也。驥者馬之上善也、于時輕德重力、故孔子引譬言之也、言伯樂曰、驥非重其力、政是稱其美德耳、驥既如此、而人亦宜然、

鄭玄曰。德者謂調良之德也。江熙云、稱伯樂曰、驥有力而不稱、君子雖有兼能、而惟稱其德也、

或曰。以德報怨何如。或人問孔子曰、彼與此有怨、而此人欲行德以報彼怨、其事理何如也、

子曰。何以報德。孔子不許也、言彼有怨、而德以報彼、設彼有德於此、則又何以報之也、

德恩惠之德也。

以直報怨。以德報德。既不許以德報怨、故更答以此也、不許以德報怨、言與我有怨

者、我宜用直道報之、若與我有德者、我以備德報之、所以不持德報怨者、若行怨而德報者、則天下皆行之、怨以要德報之、如此者是取怨之道也、

子曰。莫我知也夫。莫無也、孔子歎世人無知我者、

子貢曰。何爲其莫知子也。子貢怪夫子有此言、云何謂莫知子乎、何爲猶若爲也、

子貢怪夫子言何爲莫知己。故問也。

子曰。不怨天。不尤人。孔子答無知我之事、尤責也、言我不見用、而世人咸言我應怨天責人、而我實無此心也、人不見知而我不責人、天不見用我亦不怨天也、

馬融曰。孔子不用於世。而不怨天。人不知己。亦不尤人也。

下學而上達。解無知我所以不怨天不尤人之由也、下學學人事、上達達天命、我既學人事、

人事有否有泰、故我不尤人、上達天命、天命有窮有通、故我不怨天也、

孔安國曰。下學人事。上知天命也。

知我者其唯天乎。人不見知我、我不怨不尤者、唯天知之耳、

聖人與天地合其德。故曰唯天知己也。聖人德合天地、天地無怨責、故亦不怨責之也、

公伯寮愬子路於季孫。愬譖也、子路時仕季氏、而伯寮讒季氏、令信讒譖子路也、

馬融曰。愬譖也。伯寮魯人。弟子也。亦是孔子弟子、其家在魯、故云魯人弟子也、

子服景伯以告。子服景伯聞伯寮譖子路、故告孔子、

馬融曰。魯大夫子服何忌也。告告孔子也。

曰。夫子固有惑志。此景伯所告之辭、夫子者季孫爲夫子也、惑志謂季孫信伯寮之讒子路也、

孔安國曰。季孫信讒恚子路也。

於公伯寮也。吾力猶能肆諸市朝。景伯既告孔子云、季子猶有惑志、而又說此助子路、使子路無罪、而伯寮致死、言若於他人絯有豪勢者、則吾力勢不能誅耳、主於伯寮者、則吾之力勢、是能使季孫審子路之無罪、而殺伯寮於市朝也、肆者殺而陳尸也、

鄭玄曰。吾勢能辨子路之無罪於季孫。使之誅伯寮而肆也。有罪既刑。陳其尸曰肆也。殷禮、殺大夫已上於朝、殺士於市、殺而猶陳曝其尸以示百姓曰肆也、

子曰、道之將行也與、命也。孔子答景伯、以言人死生有命、非子路無罪、譖如何、言人之道德得行於世者歟、此是天之命也、道之將廢也與、命也。公伯寮其如命何。又言、人君道廢不用於世者、此亦是天之命也、子路之道廢興由天之命耳、雖公伯寮之譖、其能違天命而興廢於子路耶、則江熙云、夫子使景伯辨子路、則不過季孫爲甚、拒之則逆其區區之誠、故以行大廢之命期之、或有如不救而救也、子曰、賢者避世。聖人不磷、涅而不緇、無可無不可、故不以治亂爲隔、若賢者去就順時、若天地閉塞、則賢人便隱高蹈塵外、枕石漱流、天子不得而臣、諸侯不得而友、此謂避世之士也、

孔安國曰、世主莫得而臣之也。

其次避地。謂中賢也、未能高栖絕世、但擇地處、去亂就治、此是避地之士也、

馬融曰。去亂國適治邦也。

其次避色。此次中之賢也、不能預擇治亂、但臨時觀君之顏色、顏色惡則去、此謂避色之士也、

孔安國曰。色斯擧也。

其次避言。此又次避色之賢者、不能觀色斯擧矣、唯但聽君言之是非、聞惡言則去、此謂避言之士也、

孔安國曰。有惡言乃去也。

子曰。作者七人矣。引孔子言、證能避世已下、自古已來作此行者唯七人而已矣、

苞氏曰。作爲也。爲之者凡七人。謂長沮桀溺丈人石門荷簣儀封人楚狂接輿也。七人是注中有七人也、王弼云、七人伯夷、叔齊、虞仲、夷逸、朱張、柳下惠、少連也、鄭康成云、伯夷叔齊虞仲避世者、荷蓧長沮桀溺避地者、

柳下惠、少連、避色者、荷蕢、楚狂接輿、避言者也、七當爲十、字之誤也、

子路宿於石門。石門、地名也、子路行住宿也、云石門者、魯城門外也、石門晨門曰。奚自。晨門、守石門、晨昏開閉之吏也、魯人朝早開門、見子路既在石門、守門之吏也、自從也、子路云、從孔氏。

子路從石門行過、故問子路云、汝將從何而來耶、子

晨門者閽人也。守晨昏者也、

子路曰。自孔氏。子路答曰、我此行、從孔子處來也、

曰。是知其不可而爲之者與。晨門聞子路云從孔子、故知是孔子也、言孔子知世不可教化、而強周流東西、是知

其不可爲之、故問之、

苞氏曰。言孔子知世不可爲而強爲之也。

子擊磬於衛。孔子時在衛、而自以槌擊磬而爲聲也、有荷蕢而過孔子之門者。荷擔揚也、蕢織草爲器、可貯物也、當孔子擊磬之時、有一人擔揚草器而過孔子門也、曰。有心哉擊磬乎。荷蕢者聞孔子磬聲而云、非是平常之聲、有別所志、故云有心哉、

蕢草器也。有心謂契契然也。契契謂心別有所志、詩云契契寤歎、

既而曰。鄙哉。既而猶既畢也、荷蕢既云、有心而察之、察之既畢、又云鄙哉、言磬中之聲甚可鄙劣也、硜硜乎莫己知也。此鄙哉之事、言聲中硜硜有無知己之也、斯已而已矣。又言孔子硜硜不肯隨世變、唯自信己而已矣、

此硜硜徒信己而已。言亦無益也。徒空也、時既不行、而猶空信己

道欲行之、是於教化無所益也、

深則厲。淺則揭。荷蕢者又引言爲譬、以諫孔子也、以衣涉水爲厲、褰衣涉水曰揭、言人之行道化世、當隨世盛衰如涉水也、若水深者、則不須揭衣、揭衣脅是無益、當合而厲之、水若淺者、涉當褰揭而度、譬如爲教、若世不可教、則行之如不揭也、若世可教、則行之如揭衣以涉水也、爾雅云、繇膝以下爲揭、繇膝以上爲厲、繇猶由也、

苞氏曰。以衣涉水爲厲。揭揭衣。言隨世以行已。若遇水必以濟。知其不可則當不爲也。

子曰果哉。末之難矣。孔子聞荷蕢識己、而發此言也、果者敢也、末無也、言彼未解我意、而便譏我、此則爲果敢之甚也、故云果哉、但我道之深遠、彼是中人、豈能知我、若就彼中人求無譏者、

則爲難矣、玄風之攸在、賢聖相與、必有以也、夫相與於無相與、乃相與之至、相爲於無相爲、乃相爲之遠、苟各修本、奚其泥也、同自然之異也、雖然未有如荷簣之談讖甚也、案文索義、全近則泥矣、其將遠則通理、嘗試論之、武王從天應民、而夷齊叩馬、謂之殺君、夫子疾固勤誨、而荷簣之聽、以爲硜硜、言其未達那、則彼皆賢也、達之先於衆矣、殆以聖人作而萬物都覩、非聖人、則無以應萬方之求、救天下之弊、然救弊之迹、弊之所緣、勤誨之累、則焚書坑儒之禍起、革命之弊、則王莽趙高之釁成、不格擊其迹、則無振希聲之極致、故江熙云、隱者之談、夫子各致此出處不乎、

未知己志。而便譏己。所以爲果也。末無也。無難者

以其不能解己道也。

子張曰。書云。高宗諒陰。三年不言。何謂也。高宗殷中興之王也、

名武丁、殷家卌帝、水德王、六百廿九年、高宗是第二十二帝也、前帝小乙之子也、其武丁登祚之時、殷祚已得三百四十三年、其德高而可宗、故謂爲高宗也、諒信也、陰默也、尚書云、祚其即位、乃或亮陰、三年不言、是武丁起其即王位、則小乙死、乃有信默、言其孝行著、子張讀尚書見之不曉、嫌與世異、故發問孔子何謂也、

孔安國曰。高宗殷之中興王武丁也。諒信也。陰猶默也。或呼倚廬爲諒陰、或呼爲梁闇、或呼梁庵、各隨義而言之、

子曰。何必高宗。古之人皆然。孔子答子張、古之人君也、言古之人君有喪者皆三年不言、何必獨美高宗耶、此言亦激時人也、**君薨。百官總己。**說人君之喪、其子得不言之由、若君死則群臣百官不復諮詢於君、而各總束己之事、故云總己也、

馬融曰。己己百官也。具己於百官、各自束己身也、

以聽於冢宰三年。冢宰上卿也、百官皆束己職三年、聽冢宰、故嗣君三年不言也、孔安國曰。冢宰天官卿。佐王治者也。三年喪畢。然後王自聽政之也。

子曰。上好禮。則民易使之也。禮以敬爲主、君既好禮、則民莫敢不敬、故易使也、民莫敢不敬、故易使之也、子路問君子。問爲君子之法也、子曰。脩己以敬。身正則民從、故君子自脩己身、而自敬也、孔安國曰。敬其身也。曰。如斯而已乎。子路嫌其少、故重更諮問、孔子如此而已乎、斯此也、曰。脩己以安人。答子路、言當能先自脩敬己、而後安人也、

孔安國曰。人謂朋友九族也。

曰。如斯而已乎。子路又嫌少也、曰。脩己以安百姓。又答云、先脩敬己身、然後乃安於百姓也、脩己以安百姓。堯舜其猶病諸。病難也、諸之也、言先能內自脩己、而外安百姓、此事爲大難也、堯舜之聖猶患此事爲難、故云病諸也、衞瓘云、此難事、而子路狹掠之、再云如斯而已乎、故云、過此則堯舜所病也、郭象云、夫君子者不能索足、故脩己者索己、故脩己者僅可以內敬其身外安同己之人耳、豈足安百姓哉、百姓百品、萬國殊風、以不治治之、乃得其極、若欲脩己以治之、雖堯舜必病、況君子乎、今見堯舜非脩之也、萬物自無爲而治、若天之自高、地之自厚、日月之明、雲行雨施而已、故能夷暢條達曲成不遺而無病也、

孔安國曰。病猶難也。

原壤夷俟。原壤者方外之聖人也、不拘禮教、與孔子爲朋友、夷踞也、俟待也、壤聞孔子來而夷

論語義疏第七

踞竪膝以待孔子之來也、馬融曰。原壤魯人。孔子故舊也。

夷踞也。俟待也。踞待孔子也。

子曰。幼而不遜悌。長而無述焉。孔子方內聖人、恒以禮教爲事、見壤之不以敬故歷數之以訓門徒也、言壤少而不以遜悌自居、至於年長猶自放恣、無所效述也、老而不死是爲賊。言壤年已老而未死、行不敬之事、所以賊害於德也、

賊爲賊害也。

以杖叩其脛。脛脚脛也、膝上曰股、膝下曰脛、孔子歷數言之、既竟又以杖叩擊壤脛、令其脛而不夷踞也、孔安國曰。叩擊也。脛脚脛也。

闕黨童子將命矣。五百家爲黨、此黨名闕、故云闕黨也、童子未冠者之稱、將命是傳賓

主之辭、謂闕黨之中有一小兒、能傳賓主之辭出入也、馬融曰。闕黨之童子將命者。傳賓主之語出入之也。

或問之曰。益者與。或見小兒傳辭、故問孔子云、此童子而傳辭、是自求進益之道也與、

子曰。吾見其居於位也。孔子答云、其非求益之事也、禮童子隅坐、無有別位、而此童子不讓、乃與或人並居位也、

童子隅坐無位。成人乃有位也。隅角也、童子不令與成人並位、但就席角而坐、是無位也矣、

見其與先生並行也。先生者成人謂先己之生也、非謂師也、禮父之齒隨行、足之齒雁行、此童子行不讓於長、故云與先生並行也、非求益者也。欲速成者也。孔子

又云、此童子既居位並行、則非自求進益之道、正是欲速成人耳、違禮欲速成者、非是求益之道也、

苞氏曰。先生成人也。並行不差在後也。違禮欲速成者也。則非求益者之也。

論語義疏第七

經二千三百九十四字
注二千五百五十六字

論語義疏卷第八 衛靈公 季氏

梁國子助教吳郡皇侃撰

論語衛靈公第十五

何晏集解 凡卌章

疏 衛靈公者衛國無道之君也、所以次前者、憲既問仕、故舉時不可仕之君、故衛靈公次憲問也、○

衛靈公問陣於孔子。孔子至衛、欲行文教、而靈公不慕勝業、唯知問於軍陣之事也、

孔安國曰。軍陣行列之法也。

孔子對曰。俎豆之事則嘗聞之矣。俎豆禮器也、孔子武文自然兼能、今抑靈公、故唯嘗聞俎豆事也、

孔安國曰。俎豆禮器也。

軍旅之事未之學也。拒之故云不嘗學軍旅也、鄭玄曰、万二千五百人爲軍、五百人爲旅也、周禮小司徒職云、五人爲伍、五伍爲兩、四兩爲卒、五卒爲旅、五旅爲師、五師爲軍也、

鄭玄曰。萬二千五百人爲軍。五百人爲旅也。軍旅末事。本未立。則不可教以末事也。本謂文教也、靈公未能文、故不教之武者也、

明日遂行。孔子至衛、既爲問武、故其明日遂行不留衛也、在陳絕粮。明日遂行、初往曹、曹不容、又往宋、宋遭匡人之圍、又往陳、陳遇吳伐陳、陳大亂、故乏絕粮食矣、從者病。莫能興。從者諸弟子從孔子行在陳者也、病飢困也、興起也、既絕粮、故從行弟子皆餓困、莫能起者也、

孔安國曰。從者弟子。興起也。孔子去衛如曹。曹不容。如往也、又之宋。遭匡人難。之亦往也、又之陳。會吳伐陳陳亂。故乏食也。會猶遇也、

子路慍見。諸子皆病無能起者、唯子路剛強獨能起也、心恨君子行道乃至如此困乏、故便慍色而見孔子也、曰。君子亦窮乎。此慍見之辭也、曾聞孔子云、學也祿在其中、則君子不應窮乏、今日如此、與孔子言乖、故問云、君子亦窮乎、子曰。君子固窮。小人窮斯濫矣。孔子言此答、因抑小人也、言君子之人固窮、亦有窮時耳、若不安窮而爲濫溢、則是小人、故云小人窮斯濫者矣、濫溢也。君子固亦有窮時。但不如小人窮則濫溢爲非也。

子曰。賜也。汝以予爲多學而識之者與。時人見孔子多學識、並謂孔子多學世事而識之、故孔子問子貢而釋之也、對曰。然。然如此也、子貢答云、賜亦謂孔子多學、故如此多識之也、孔安國曰。然者謂多學而識之也。

論語義疏第八

非與。子貢又嫌孔子非多而識、故更問定云非與、非與與不定辭也、

孔安國曰。問今不然耶。

曰非也。孔子又答曰、非也、言定非又多學而識之也、予一以貫之。貫猶穿也、既答曰、非也、故此更答所以不多學而識之由也、言我所以多識者、我以一善之理貫穿万事、而万事自然可識、故得知之、故云予一以貫之也、

善有元。事有會。元猶始也、會猶終也、元者善之長、故云善有元也、事各有所終、故云事有會也、天下殊塗而同歸。解事有會也、事雖殊塗而其要會皆同有所歸也、百慮而一致。解善有元、致極也、人慮乃百、其元極則同起一善也、知其元則衆善舉矣。故不待多學。一以知之也。是善長舉元、則衆善自舉、

所以不須多學而自能識之也、

子曰。由。知德者鮮矣。由子路也、呼子路語之也、云夫知德之人難得、故爲少也、

王肅曰。君子固窮。而子路慍見。故謂之少於知德者也。按如注意、則孔子此語爲問絕糧而發之也、

子曰。無爲而治者。其舜也與。舜上受堯禪於己、己又不禪於禹、受授得人、故孔子歎舜無爲而能治也、夫何爲哉。恭己正南面而已矣。既授受善得人、無勞於情慮、故云夫何爲哉也、既垂拱而民自治、故所以自恭敬而居天位正南面而已也、

言任官得其人。故無爲而治也。由授受皆聖、舉十六相在朝、故是任官得其人也、蔡謨云、謨昔聞過庭之訓於先君、曰、堯不得無爲者、所承非聖也、禹不得無爲者、所授

非聖也、今三聖相係、舜居其中、承堯授禹、又何爲乎、夫道同而治異者時也、自古以來承至治之世、接二聖之間、唯舜而已、故特稱之焉、

子張問行。問人立身居世修善、若爲事而其道事、可得行於世乎、子曰、言忠信。行篤敬。答也、云欲使道行於世者、出言必使忠信、立行必須篤厚恭敬也、雖蠻貊之邦行矣。若身自脩前德、無論居處於華夏、假令居住蠻貊遠國、則己之道德無所不行也、言不忠信。行不篤敬。雖州里行乎哉。又云、若不能脩身前德、而身雖居中國州里之近、而所行亦皆不行、故云行乎哉、言不行也、

鄭玄曰、萬二千五百家爲州。五家爲鄰。五鄰爲里。此王畿遠郊內外民居地名也、行乎哉言不可行也。

立則見其參然於前也。參猶森也、言若敬德之道行己、立在世間、則自想見忠信篤敬之事、森森滿亙於己前也、在輿則見其倚於衡也。倚猶憑依也、衡車衡軛也、又若在車輿之中、則亦自想見忠信篤敬之事、羅列憑依於衡軛之上也、夫然後行也。若能行存想不忘、事事如前、則此人身無往而不行、故云夫然後行也、

苞氏曰。衡軛也。言思念忠信。立則常想見參然在前。在輿則若倚衡軛也。

子張書諸紳。紳大帶也、子張聞孔子之言可重、故書題於己衣之大帶、欲日夜在錄不忘也、

孔安國曰。紳大帶也。

民曰。直哉史魚。美史魚之行正直也、

孔安國曰。衛大夫史鰌也。

邦有道如矢。邦無道如矢。證其爲直、譬矢箭也、性唯直而不曲、言史魚之德恒直如箭、不似國有道無道爲變曲也、

孔安國曰。有道無道行直。如矢不曲也。

君子哉。蘧伯玉。又美蘧瑗也、進退隨時合時之變、故曰君子哉也、邦有道則仕。出其君子之事也、國若有道則肆其聰明以佐時也、邦無道則可卷而懷之。國若無道則韞光匿智、而懷藏以避世之害也、

苞氏曰。卷而懷。謂不與時政。柔順不忤於人也。

子曰。可與言而不與言。失人。謂此人可與共言、而已不與之言、則此人不復

見顧、故是失於可言之人也、不可與言而與之言。失言。言與不可言之人共言、是失我之言者也、智者不失人。亦不失言。唯有智之士、則備照二途、則人及言並無所失也、所言皆是。故無所失者也。

子曰。志士仁人。謂心有善志之士及能行仁之人也、無求生以害仁。既志善行仁、恒欲救物、故不自求我之生以害於仁恩之理也、生而害仁、則志士不爲也、有殺身以成仁。若殺身而仁事可成、則志士仁人必殺身爲之、故云有殺身成仁也、殺身而成仁、則志士所不吝也、

孔安國曰。無求生而害仁。死而後成仁。則志士仁人不愛其身也。繆播云、仁居理足本無危亡、然賢而圖變、變則理窮、窮則任分、所以有殺身之義、故比干割心、孔子曰、殷有三仁也、

子貢問爲仁。問爲仁人之法也、子曰。工欲善其事。必先利其器。將欲答於爲仁術、故先爲設譬也、工巧師也、器斧斤之屬也、言巧師雖巧藝若般輸、而作器不利則巧事不成、如欲其所作事善、必先磨利其器也、居是邦也。事其大夫之賢者。友其士之仁者也。合譬成答也、是猶此也、言人雖有賢才美質、而居住此國、若不事賢不友仁、則其行不成、如工器之不利也、必欲行成、當事此國大夫之賢者、又友此國士之仁者也、大夫貴故云事、士賤故云友也、大夫言賢、士云仁、互言之也、

孔安國曰。言工欲以利器爲用。人以賢友爲助也。

顏淵問爲邦。爲猶治也、顏淵魯人、當時魯家禮亂、故問治魯國之法也、子曰。行夏之時。孔子此答、舉魯舊法以爲答也、行夏之時謂用夏家時節、以行事也、三王所尙正朔服色雖異、

而田獵祭祀播種並用夏時、夏時得天之正故也、魯家行事亦用夏時、故云行夏之時也、

據見萬物之生。以爲四時之始。取其易知也。解所以周用夏時之義也、夏之春物出地上、和暖著見已、故易知之也、

乘殷之輅。亦魯禮也、殷輅木輅也、周禮天子自有五輅、一曰玉、二曰金、三曰象、四曰革、五曰木、五輅並多文飾、用玉輅以郊祭、而殷家唯有三輅、一曰木輅、二曰先輅、三曰次輅、木輅最質素無飾、用以郊天、魯以周公之故、雖得郊天、而不得事事同王、故用木輅以郊也、故郊特牲說魯郊云、乘素車貴其質也、旂十有二旒、龍章而設日月以象天也、鄭玄注云、設日月畫於旂上也、素車殷輅也、魯公之郊用殷禮也、案如記注則魯郊用殷之木輅也、

馬融曰。殷車曰大輅。左傳曰。大輅越席也。昭其儉

也。左傳之言亦說魯禮也、

服周之冕。亦魯禮也、周禮有六冕、一曰大袞冕、二曰袞、三曰鷩、四曰毛毳、五曰絺、六曰玄、周王郊天以大袞而冕、魯雖郊不得用大袞、但用袞以郊也、郊特牲云、祭之日、王被袞以象天、鄭玄注曰、謂有日月星辰之章也、此魯禮也、周禮王祀昊天上帝、則服大袞而冕、祀五帝亦如之、魯侯之服自袞冕而下也、案此記注卽是魯郊用袞也、然魯廟亦袞、或問曰、魯既用周次冕以郊、何不用周金輅以郊耶、答曰、周郊乘玉輅以示文、服用大袞以示質、但車不對神、故亦示文、以接天、故用質也、

苞氏曰。冕禮冠也。周之禮文而備也。取其黈纊塞耳。不任視聽也。周既文、民人多過、君上若任己視聽見民犯罪者多、數用刑辟過、若見過不治、則非謂人君之法、故冕服前後垂旒以亂眼、左右兩邊垂瑱以塞耳、示不任視聽也、黈黃

色也、纊新綿也、當兩耳垂黃綿、纊綿之下又係玉、名爲瑱也、

樂則韶舞。謂魯所用樂也、韶舞舜樂也、周用六代樂、一曰雲門、黃帝樂也、二曰咸池、堯樂也、三曰大韶、舜樂也、四曰大夏、夏禹樂也、五曰大濩、殷湯樂、六曰大武、周樂也、若餘諸侯、則唯用時王之樂、魯既得用天子之事、故賜四代禮樂、自虞而下、故云舜樂也、所以明堂位云凡四代之服器官魯兼用之、是故魯王禮也、而用四代並從有虞氏爲始也、又春秋魯襄公二十九年傳、吳公子季札聘魯、請觀周樂、乃爲之舞自周以上、至見舞韶箾者、曰至矣哉、大矣、如天之無不幬、如地之無不載也、雖甚盛德、其蔑以加於此矣、觀止矣、若有他樂、吾不敢請已也、杜注云、魯用四代之樂、故及韶箾、而季子知其終也、

韶舜樂也。盡善盡美。故取之也。解魯所以極韶、不取堯樂義也、

放鄭聲遠佞人。亦魯禮法也、每言禮法、亦因爲後教也、鄭聲淫也、魯禮無淫樂、故言放之

也、佞人惡人也、惡人壞亂邦家、故黜遠之也、鄭聲淫。佞人殆。出鄭聲佞人所以宜放遠之由也、鄭地聲淫而佞人鬪亂、使國家爲危殆也、孔安國曰。鄭聲佞人亦俱能感人心。與雅樂賢人同。而使人淫亂危殆。故當放遠之也。案樂記云、鄭音好敖放僻濫驕淫志、所以是淫也、

子曰。人而無遠慮。必有近憂。人生當思漸慮遠防於不然、則憂患之事不得近至、若不爲遠慮、則憂患之來不朝則夕、故云必有近憂也、

王肅曰。君子當思慮而預防也。

子曰。已矣。吾未見好德如好色者也。既先云已矣、明久已不見也、疾時色興德廢、故起斯欲也、此語亦是重出、亦孔子再時行教也、

子曰。臧文仲其竊位

者與。魯大夫也、竊盜也、臧文仲雖居位、居位不當、與盜位者同、故云竊位者歟也、知柳下惠之賢。而不與立也。此臧文仲竊位之由也、凡在位者、當助君舉賢才以共匡佐、而位文仲在位知柳下惠之賢、而不薦之於君使與己同立公朝、所以是素飡盜位也、

孔安國曰。柳下惠展禽也。知其賢而不舉。爲竊位也。

子曰。躬自厚而薄責於人。則遠怨矣。躬身也、君子責己厚、小人責人厚、責人厚則爲怨之府、責己厚、人不見怨、故云遠怨、

孔安國曰。自責己厚責人薄。所以遠怨咎也。蔡謨云、儒者之說、雖於義無違、而於名未安也、何者以自厚者爲責己、文不辭矣、厚者謂厚其德也、而人又若

己所未能而責物以能、故人心不服、若自厚其德而不求多於人、則怨路塞、責人已之不美、雖存乎中、然自厚之義不施於責也、侃案蔡雖欲異孔、而終不離孔辭、孔辭亦得爲蔡之釋也、

子曰。不曰如之何。不曰猶不謂也、如之何謂事卒至非己力勢可奈何者也、言人生常當思慮、卒有不可如何之事、逆而防之、不使有起、若無慮而事欻起、是不曰如之何事也、李充云、謀之於其未兆、治之於其未亂、何當至於臨難而方曰如之何也、

孔安國曰。不曰如之何者。猶言不曰奈是何也。

如之何者。吾末如之何也已矣。若不先慮而如之何之事、非唯凡人不能奈何矣、雖聖人亦無如之何也、故云吾末如之何也已矣、

孔安國曰。如之何者。言禍難已成。吾亦無如之何

也。

子曰。群居終日。言不及義。三人以上爲群居、群居共聚有所說談、終於日月而未曾有及義之事也、好行小慧。難矣哉。小惠小小才智也、若安陵調謔之屬也、以此處世、亦難爲成人也、

鄭玄曰。小惠謂小小才智也。難矣哉言終無成功也。

子曰。君子義以爲質。義宜也、質本也、人識性不同、各以其所宜爲本、禮以行之。雖各以所宜爲本、而行之皆須合禮也、遜以出之。行及合禮、而言出之必使遜順也、信以成之。行信合禮、而言遜順而出塞、終須信以成之也、君子哉。如上義可謂爲君子

之行之也、

鄭玄曰。義以爲質謂操行也。遜以出之謂言語也。

子曰。君子病無能焉。不病人之不己知也。病猶患也、君子之人常患己無才能耳、不患己有才能而人不見知之也、

君子之人。但病無聖人之道。不病人不知己。

子曰。君子疾沒世而名不稱焉。沒世謂身沒以後也、身沒而名譽不稱揚爲人所知、是君子所疾也、故江熙云、匠終年運斧不能成器、匠者病之、君子終年爲善不能成名、亦君子病之也、

疾猶病也。

子曰。君子求諸己。小人求諸人。求責也、君子自責己德行之不足、不責人

也、小人不自責己、而責人之也、君子責己。小人責人。

子曰。君子矜而不爭。矜矜莊也、君子自矜莊己身、而己不與人爭也、故江熙云、君子不使其身俛焉若不終日、自敬而已、非與人爭勝之也、

苞氏曰。矜矜莊也。

群而不黨。君子乃朋群義聚、而不相阿黨爲私也、故江熙曰、君子以道知相聚、聚則爲群、群則似黨、群居所以切磋成德、非於私也、孔安國曰。黨助也。君子雖衆。不相私助。義之與比也。

子曰。君子不以言舉人。舉人必須知其德行、不可聽言而薦舉之、故君子不爲也、

苞氏曰。有言者不必有德。故不可以言舉人也。

不以人廢言。言又不可以彼人之卑賤、而廢其美言、而不用也、故李充云、詢于芻蕘、不恥下問也、

(王肅曰。不可以無德而廢善言也。)

子貢問曰。有一言而可以終身行者乎也。問求善事、欲以終身奉行之也、子曰。其恕乎。此是可終身行之一言也、恕謂內忖己心、外以處物、言人在世、當終身行於恕也、故云其恕乎、己所不欲。勿施於人。此釋恕事也、夫事非己所欲者、不可施度與人也、既己所不欲、亦必人所不欲也、

子曰。吾之於人。誰毀誰譽。孔子曰、我之於世、平等如一、無有憎愛毀譽之心、故云誰毀誰譽之也、如有可譽者。其有所試矣。既平等一心、不有毀譽、然君子掩惡揚善、善則宜揚、而我從來若有所稱譽者、皆不虛妄、必先試驗其德、而後乃譽之耳、故云其有所試矣、

苞氏曰。所譽輙試以事。不空譽而已矣。注意如向說、又通云、我乃無毀譽、若民人百姓有相稱譽者、則我亦不虛信、而美之、其必以事試之也、

斯民也。三代之所以直道而行也。斯民者謂若此養民也、三代夏殷周也、言養民如此無私毀譽者、是三代聖王治天下用直道而行之時也、郭象云、無心而付之天下者直道也、有心而使天下從己者曲法者也、故直道而行者毀譽不出於區區之身、善與不善信之百姓、故曰吾之於人、誰毀誰譽、如有所與必試之斯民也、

馬融曰。三代夏殷周也。用民如此無所阿私。所以云直道而行也。

子曰。吾猶及史之闕文也。孔子此歎世澆流迅速時異一時也、史者掌書之官也、古史爲書、若於字有不識者、則懸而闕之、以俟知者、不敢擅造爲者也、孔子自云、已及見昔史有此時

闕文也、

苞氏曰。古之良史。於書字有疑。則闕之以待知者也。

有馬者借人乘之。孔子又曰、亦見此時之馬難調、御者不能調、則借人乘服之也、今則亡矣夫。亡無也、當孔子末年時、史不識字、輙擅而不闕、有馬不調、則耻云其不能、必自乘之以致傾覆、故云今亡也矣夫、

苞氏曰。有馬者不能調良。則借人使乘習之。孔子自謂及見其人如此。至今無有矣。言此者以俗多穿鑿也。

子曰。巧言亂德。辭達而已、不須巧辯、巧辯文多、更於德爲亂之也、小不忍則亂大謀。人須容忍、則大事乃成、若不能忍小、則大事之謀亂也、又一通云、凡爲人法、當依事以斷、

事無大小皆便求了、不若小小不忍、有所慈爲、則大謀不成也、孔安國曰。巧言利口則亂德義。小不忍則亂大謀也。

子曰。衆惡之必察焉。設有一人爲衆所憎惡者、必當察其德、不可從衆雷同而惡之也、所以然者、此人或特立不群爲衆所佞共所陷害、故必察之也、衆好之必察焉。又設有一人爲衆所好愛者、亦當必察、不可隨衆而崇重之也、所以然者、或此人行惡、爲群惡之所黨愛、故亦必察也、衛瓘云、賢人不與俗爭、則莫不好愛也、俗人與時同好、亦則見好也、凶邪害善、則莫不惡之、行高志遠、與俗違忤、俗亦惡之、皆不可不察也、王肅曰。或衆阿黨比周。或其人特立不群。故好惡不可不察也。

子曰。人能弘道。非道弘人也。道者通物之妙也、通物之法、本通於可通、不通

於不可通、若人才大則道隨之而大、是人能弘道也、若人才小則道小、不能使大、是非道弘人之也、

材大者道隨大。材小者道隨小。故不能弘人也。故蔡謨云、道者寂然不動、行之由人、人可適道、故曰人能弘道、道不適人、故云非道弘人之也、

子曰。過而不改。是謂過矣。人有過能改、如日食反明、人皆仰之、所以非過、遂而不改則成過也、江熙云、過容恕、又文則成罪也、

子曰。吾嘗終日不食。終夜不寢以思。無益。不如學也。勸人學也、終猶竟也、寢眠也、言我嘗竟日終夕不食不眠、以思天下之理、唯學益人、餘事皆無益、故云不如學也、郭象曰、聖人無詭教、而云不寢不食以思者何、夫思而後通、習而後能者、百姓皆然也、聖人無事而不與百姓同、事事同則形同、是以見形以爲己、唯故謂聖人亦必勤思而力學、此百姓之情也、故用其情以教之、則聖人之教、因彼以教彼、安容詭哉、

子曰。君子謀道。不謀食。謀猶圖也、人非道不立、故必謀道也、自古皆有死、不食亦必死、死而後已、而道不可遺、故謀道不謀食之也、耕也餒在其中矣。餒餓也、唯知耕而不學、是無知之人也、雖有穀必他人所奪、而不得自食、是餓在于其中也、學也祿在其中矣。雖不耕而學、則昭識斯明、爲四方所重、縱不爲亂君之所祿、則門人亦共貢贍、故云祿在其中矣、故子路使門人爲臣、孔子曰、與其死於臣之手、無寧死二三子之手、是也、君子憂道。不憂貧。學道必祿在其中、所以憂已無道而已也、若必有道、祿在其中、故不憂貧也、

鄭玄曰。餒餓也。言人雖念耕而不學故飢餓。學則得祿。雖不耕而不飢餓。此勸人學也。江熙云、董仲舒云、遑遑求仁義、常患不能化民者、大人之意也、遑遑求財利、常恐匱乏者、小人之意也、此君子小人謀之不同

者也、慮匱乏故勤耕、恐道闕故勤學、耕未必無餓、學亦未必得祿、祿在其中、恒有之勢、是未必、君子但當存大而遺細、故憂道不憂於貧也、

子曰。智及之。仁不能守之。謂人有智識、能任得及爲官位者、故云智及之也、雖謀智能及、不能用仁守官位、故云仁不能守之也、此皆謂中人不備德者也、雖得之必失之。祿位雖由智而得之、無仁以恃守之、必失祿位也、

苞氏曰。智能及治其官。而仁不能守。雖得之必失之也。

智及之。仁能守之。不莊以莅之。則民不敬。莅臨也、又言若雖能智及仁守、爲臨民不用莊嚴、則不爲民所敬、

苞氏曰。不嚴以臨之。則民不敬從其上也。

智及之。仁能守之。莊以莅之。動之不以禮。未善也。雖智及仁守莅莊、而動靜必須禮以將之、若動靜不用禮、則爲未盡善也、

王肅曰。動必以禮。然後善也。李充云、夫智及以惠、其失也蕩、仁守以靜、其失也寬、莊莅以威、其失也猛、故必須禮然後和之、以禮制智、則精而不蕩、以禮輔仁、則溫而不寬、以禮御莊、則威而不猛、故安上治民、莫善於禮也、顏特進曰、智以通其變、仁以安其性、莊以安其慢、禮以安其情、化民之善、必備此四者也、必有大成之量也、

子曰。君子不可小知而可大受也。君子之道深遠、不與凡人可知、故云不不可小知也、德能深潤物、物受之深、故云而可大受也、張憑云、謂之君子、必有大成之量、不必能爲小善也、故宜推誠闇信、虛以將受之、不可求備責以細行之也、小人不可大受而可小

知也。小人道淺、故曰不可大受、淺則易爲物所見、故可以小知也、

君子之道深遠。不可以小了知。而可大受。小人之道淺近。可以小了知。而不可大受也。

子曰。民之於仁也。甚於水火。甚猶勝也、仁水火三事、皆民人所仰以生者也、水火是人朝夕所須、仁是万行之首、故非水火則無以食、非仁則無有恩義、若無恩及飲食、則必死、無以立世、三者並爲民人所急也、然就三事之中、仁最爲勝、故云甚於水火也、

馬融曰。水火與仁。皆民所仰而生者也。仁最爲甚也。

水火吾見蹈而死者矣。未見蹈仁而死者也。此明仁所以勝水火事也、水火乃能治民人、民人若誤履蹈之、則必殺人、故云水火吾見蹈而死者也、仁是恩愛政、行之、

故宜爲美、若誤履蹈而則未嘗殺人、故云未見蹈仁而死者也、

馬融曰。蹈水火或時殺人。蹈仁未嘗殺人者也。王弼云、民之遠於仁甚於遠水火也、見有蹈水火者、不嘗見蹈仁者也、

子曰。當仁不讓於師。仁者周窮濟急之謂也、弟子每事則宜讓師、唯行仁宜急、不得讓師也、

孔安國曰。當行仁之事。不復讓於師。行仁急也。張憑云、先人後己、外身愛物、履謙處卑、所以爲仁、非不好讓、此道非所以讓也、

子曰。君子貞而不諒。貞正也、諒信也、君子權變無常、若爲事苟合道、得理之正、君子爲之、不必存於小信、自經於溝瀆也、

孔安國曰。貞正也。諒信也。君子之人。正其道耳。言

論語義疏第八

不必有信也。一通云、君子道無不正、不能使人信之也、

子曰。事君敬其事。而後其食。國家之事、知無不爲、是敬其事也、必有纏勳績、乃受祿賞、是後其食也、江熙云、格居官次、以達其道、事君之意也、蓋傷時利祿以事君之也、

孔安國曰。先盡力。然後食祿也。

子曰。有教無類。人乃有貴賤、同宜資教、不可以其種類庶鄙而不教之、教之則善、無本類之也、

馬融曰。言人在見教。無有種類。繆播曰、世咸知斯言之崇教、未信斯理之諒深、生生之類、同稟一極、雖下愚不移、然化所遷者其万倍也、生而聞道、長而見教、處之以仁道、養之以德、與道終始、爲乃非道者、余所不能論之也、

子曰。道不同。不相爲謀。人之爲事、必須先謀、若道同者共謀、則精審不誤、若道不同

同而與共謀、則方圓義鑿枘事不成也、

子曰。辭達而已矣。言語之法使辭足宜達其事而已、不須美奇其言以過事實也、

孔安國曰。凡事莫過於實也。辭達則足矣。不煩文艷之辭也。

師冕見。師冕魯之樂師也、見來見孔子也、

孔安國曰。師樂人盲者也。名冕也。

及階。及至也、階孔子家堂階也、師冕來見至孔子家階也、子曰。階也。師冕盲來見至階、孔子語之云、階也、使之知而登之也、及席也。冕已升階至孔子堂上席也、子曰。席也。

皆坐。孔子語之云、至席、令其登席而坐、皆俱也、孔子見瞽者必起、師既起、則弟子亦隨而起、冕至席已坐、故孔子亦坐、弟子並坐、故云皆坐之也、子告之曰。某在斯。某在斯。某坐

中人、冕無目、不識坐上人、故孔子歷告之以坐上人之姓名也、既多人、故再云某在斯某在斯也、隨人百十、每一一告之云、子張在此、子貢在此也、

孔安國曰。歷告以坐中人姓字及所在處也。

師冕出。見孔子事畢而出去也、**子張問曰。與師言之道與。**道猶禮也、子張見孔子告之階席人姓名字、故冕出而問孔子向與師冕言之是禮與也、**子曰。然。**答曰是禮者也、**固相師之道也。**又云、冕既無目、故主人宜爲之導相所以歷告也、

馬融曰。相導也。

論語季氏第十六　何晏集解　凡四十章

疏 季氏者魯國上卿、豪强僭濫者也、所以次前者、既明君惡故據臣凶、故以季氏次衛靈公也、○

季氏將伐顓臾。此章明季氏專征濫伐之惡也、顓臾魯之附庸也、其地與季氏采邑相近、故季氏欲伐而幷之也、故云季氏將伐顓臾、**冉有季路見於孔子。**二人時仕季氏爲臣、見季氏欲濫伐、故來見孔子告道之也、**曰。季氏將有事於顓臾。**此冉有告孔子之辭也、有事謂有征伐之事也、

孔安國曰。顓臾宓犧之後。風姓之國。本魯之附庸。當時臣屬魯。季氏貪其土地。欲滅而有之。冉有與季路爲季氏臣。來告孔子也。

孔子曰。求無乃爾是過與。求冉有名也、爾汝也、雖二人俱來而告、冉有獨告、嫌冉有又爲季氏有聚歛之失、故孔子獨呼其名而問云、此征伐之事、無乃是汝之罪過與、言是其教道季氏爲之也、

孔安國曰。冉求爲季氏宰。相其室爲之聚歛。故孔子獨疑求教也。

夫顓臾。昔者先王以爲東蒙主。孔子拒冉有不聽伐之也、言顓臾是昔先王聖人之所立以主蒙山之祭、蒙山在東、故云東蒙主也、既是先王所立、又爲祭祀之主、故不可伐也、

孔安國曰。使主祭蒙山也。

且在邦域之中矣。言且顓臾在魯七百里封內、故云在邦域中之也、

孔安國曰。魯七百里之邦。顓臾爲附庸。在其域中

也。

是社稷之臣也。國主社稷、顓臾既屬魯國、故是社稷之臣也、何以爲伐也。既歷陳不可伐之事、而此改問其何以用伐滅之爲也、

孔安國曰。已屬魯爲社稷之臣。何用滅之爲也。鄭注詩云、諸侯不臣附庸、而此云是社稷臣者、當爾時已臣屬魯故也、

冉有曰。夫子欲之。夫子指季氏也、冉有言伐顓臾之事、是季氏所欲、故云夫子欲之也、

吾二臣者。皆不欲也。稱吾二臣是冉有自謂及子路也、言我二臣皆不欲伐之也、冉有恐孔子不獨信己、故引子路爲儔證也、

孔安國曰。歸咎於季氏也。

孔子曰。求。孔子不許冉有歸咎於季氏、故云又呼求名語之也、周任有言。曰。陳力就列。不能者止。此語之辭也、周任古之良史也、周任有言云、人生事君、當先量後入、若計陳我才力所堪、乃後就其列次、治其職任耳、若自量才不堪、則當止而不爲也、

馬融曰。周任古之良史也。言當陳其才力。度己所任。以就其位。不能則當止也。

危而不持。顛而不扶。則將焉用彼相矣。既量而就、汝今爲人之臣、臣之爲用、正至匡弼、持危扶顛、今假季氏欲爲濫伐、此是危顛之事、汝宜諫止、而汝不諫止、乃云夫子欲之、吾等不欲、則何用汝爲彼之輔相乎、若必不能、是不用量而就之也、

苞氏曰。言輔相人者。當能持危扶顛。若不能。何用相爲也。

且爾言過矣。虎兕出柙。龜玉毀櫝中。是誰之過與。又罵之而設譬也、兕如牛而色青、柙檻也、檻貯於虎兕之器也、櫝函也、貯龜玉之匣也、言汝云吾二臣皆不欲也、此是汝之罪也、汝爲人輔相、當主諫君失、譬如爲人掌虎兕龜玉、若使虎兕破檻而逸出、及龜玉毀碎於函匱之中、此是誰過、則豈非守檻函者過乎、今季氏濫伐、此是誰過、則豈非汝輔相之過乎、何得言吾二臣不欲邪、

馬融曰。柙檻也。櫝櫃也。失毀非典守者之過邪也。櫃即函也、欒肇云、陽虎家臣而外叛、是出虎兕於檻也、伐顓臾於邦內、是毀龜玉於櫝中也、張憑曰、虎兕出柙、喻兵擅用於外也、龜玉毀於櫝中、喻仁義廢於內之也、

冉有曰。今夫顓臾固而近於費。固謂城郭甲兵堅利、費季氏采邑名也、冉有既得孔子罵及譬喻、而輸誠服罪、更說顓臾宜伐之意也、言所以伐顓臾者、城郭甲兵堅利、復與季氏

邑相近之也、馬融曰。固謂城郭完堅兵甲利也。費季氏之邑也。兵刃也、甲鎧也、

今不取。後世必爲子孫憂。子孫季氏之子孫也、冉有又言顓臾既城郭堅甲兵利、又與費邑相近、其勢力方豪、及其今日猶可撲滅、若今日伐取、則其後世必伐於費、所以爲後世子孫之憂也、

孔子曰。求。君子疾夫。孔子聞冉有言知其虛妄、故更呼而語之也、夫夫冉有之言也、季氏欲伐、實是貪顓臾之地、而今汝不言季孫有是貪顓臾欲伐取之、而假云顓臾固而近費、恐爲子孫憂、如汝此言是君子之所謂疾也、故云君子疾夫也、

孔安國曰。疾如汝之言也。

舍曰欲之。而必更爲之辭。此是君子所疾者也、捨猶除也、冉有不道季氏貪欲

濫伐、是捨曰欲之而假稱顓臾固、近費、是是而必爲之辭、

孔安國曰。舍其貪利之說。而更作他辭。是所疾也。

丘也聞有國有家者。不患寡而患不均。孔子罵冉有既竟、而更自稱名、爲其說季氏子孫之憂不顓臾也、將欲言之、故先廣陳其理也、不敢云出己、故曰聞也、有國謂諸侯也、有家謂卿大夫也、言夫爲諸侯及卿大夫者、不患土地人民寡少、所患政之不能均平耳、今季氏爲政不能均平、則何用濫伐欲多土地人民爲也、

孔安國曰。國諸侯也。家卿大夫也。不患土地人民之寡少。患政治之不均平也。

不患貧而患不安。爲國家者、何患民貧乏耶、政患不能使民安、

孔安國曰。憂不能安民耳。民安則國富。百姓足、君孰與不足、是也、

蓋均無貧。結前事也、此結前不貧之事也、若爲政均平、則國家自富、故無貧乏也、和無寡。此結不寡也、言政若能和、則四方來至、故土地民人不寡少也、安無傾。若能安民、則君不傾危也、然上云不患寡患不均不患貧患不安、則應云均無寡安無傾、今云均無貧和無寡、又長云安則無傾者、並相互爲義、由均和故安無傾之也、

苞氏曰。政教均平。則不患貧矣。上下和同。不患寡矣。小大安寧。不傾危也。

夫如是。故遠人不服。則修文德以來也。此明不患寡少之由也、如是猶如此也、若國家之政能如此、安不傾者、若遠人猶有不服化者、則我廣修文德於朝、使彼慕德而來

至也、故舜舞干羽於兩階、而苗民至、既來之。則安之。遠方既至、則又用德澤撫安之、今由與求也相夫子。夫子季氏也、言今汝及由二人相於季氏、無恩德也、遠人不服而不能來也。言汝二人爲季氏相、不能修文德以來服遠人也、邦分崩離折而不能守也。言汝二人相季氏、季氏治魯、既外不來遠人、而內又離折不能守國也、孔安國曰。民有異心曰分。欲去曰崩。不可會聚曰離拆也。

而謀動干戈於邦內。汝二人既不能來遠安近、而唯知與動干戈以自伐邦國內地、何也、

孔安國曰。干楯也。戈戟也。

吾恐季孫之憂不在顓臾。冉有云、顓臾近費、恐爲後世子孫憂、孔子廣陳事理

也、已竟、故此改答也、言我之所思、恐異於汝也、汝恐顓臾、而我恐季孫後世之憂、不在於顓臾也、

而在蕭牆之內也。

此季孫所憂者也、蕭肅也、牆屏也、人君於門樹屏、臣來至屏而起肅敬、故謂屏為蕭牆也、臣朝君之位在蕭牆之內也、今云季孫憂在蕭牆內、謂季孫之臣必作亂也、然天子外屏、諸侯內屏、大夫以簾、士以帷、季氏是大夫、應無屏而云蕭牆者、季氏皆僭為之也、蔡謨云、冉有季路並以王佐之姿、處彼家相之任、豈有不諫季孫以成其惡、所以同其謀者、將有以也、量己撥勢、不能制其悖心、於外順其意以告夫子、實欲致大聖之言以救斯弊、是以夫子發明大義以酬來感、弘舉治體自救時難、引喻虎兕為以罪相者、雖文譏二子、而旨在季孫、既示安危之理、又抑強臣擅命、二者兼著、以寧社稷、斯乃聖賢同符、相為表裏者也、然守文者眾、達微者寡也、覩其見軌、而昧其玄致、但釋其辭、不釋所以辭、懼二子之見幽、將長淪於腐學、是以正之以莅來旨也、

鄭玄曰。蕭之言肅也。蕭牆謂屏。君臣相見之禮。至屏而加肅敬焉。是以謂之蕭牆。後季氏家臣陽虎果四季桓子也。證是在蕭牆也、

孔子曰。天下有道。則禮樂征伐自天子出。禮樂先王所以飾喜、鈇鉞先王所以飾怒、故有道世、則禮樂征伐並由天子出也、天下無道。則禮樂征伐自諸侯出。若天下無道、天子微弱、不得任自由、故禮樂征伐從諸侯出也、自諸侯出。蓋十世希不失矣。希少也、若禮樂征伐從諸侯出非其所、故僭濫之國、十世少有不失國者也、諸侯是南面之君、故至全數之年而失之也、

孔安國曰。希少也。周幽王爲犬戎所殺。平王東遷。

周始微弱。諸侯自作禮樂。專行征伐。始於隱公至昭公。十世失政。死乾侯。證十世爲濫失國之君也、周幽王無道、爲犬戎所殺、其子平王東遷雒邑、於是周始微弱、不能制諸侯、故于時魯隱公始專征濫伐、至昭公十世、而昭公爲季氏所出、死於乾侯之地也、十世者、隱一、桓二、莊三、閔四、僖五、文六、宣七、成八、襄九、昭十也、

自大夫出。五世希不失矣。若禮樂征伐從大夫而專濫、則五世此大夫少有不失政者也、其非南面之君、道從勢短、故半諸侯之年、所以五世而失之也、

孔安國曰。季文子初得政。至桓子五世。爲家臣陽虎所囚也。此證大夫專濫五世而失家者、季文子始得政而專濫、至五世桓子爲臣所囚也、五世者、文子一、武子二、悼子三、平子四、桓子五、是也、

陪臣執國命。三世希不失矣。陪重也、其爲臣之臣、故云重也、是大夫家臣僭執邦國教令也、此至三世必失也、既卑故不至五也、則半十而五、三亦半五、大夫難傾、故至十、十極數、小者易危、故轉相半、理勢使然、亡國喪家、其數皆然、未有過此而不失者也、按此但云執國命、不云禮樂征伐出者、其不能僭禮樂征伐也、繆播云、大夫五世、陪臣三世者、苟得之有由、則失之有漸、大者難傾、小者易滅、近本罪輕、彌遠罪重、輕故禍遲、重則敗速、二理同致、自然之差也、

馬融曰。陪重也。謂家臣也。陽氏爲季氏臣。至虎三世而出奔齊也。證陪臣執政三世而失者也、

天下有道。則政不在大夫。政由於君、故不在大夫、在大夫由天下失道故也、

孔安國曰。制之由君也。

天下有道。則庶人不議。君有道則頌之聲興、載路有時雍之義、則庶人民下、無所街群巷聚以評議天下四方之得失也、若無道則庶人共有所非議也、

孔安國曰。無所非議也。非猶鄙也、鄙議風政之不是也、

孔子曰。祿之去公室。五世矣。禮樂征伐自大夫出、五世希有不失、于時孔子見其數將爾、知季氏必亡、故發斯旨也、公君也、祿去君室、謂制爵祿出於大夫、不復關君也、制爵祿不關君、于時已五世也、故云去公室五世也、

鄭玄曰。言此之時魯定公之初也。魯自東門襄仲殺文公之子赤而立宣公。於是政在大夫。爵祿不從君出。至定公爲五世矣。襄仲既殺赤立宣公、宣公雖立而微弱不敢自

專、故爵祿不復關己也、宣公一、成二、襄三、昭四、定五也、

政逮於大夫。四世矣。逮及也、制祿不由君、故及大夫也、季文子初得政、至武子悼子平子四世、是孔子時所見、故云四世、

鄭玄曰。文子武子悼子平子也。

故夫三桓之子孫微矣。大夫執政五世必失、而季氏已四世、故三桓子孫轉以弱也、謂爲三桓者、仲孫叔孫季孫三家同出桓公、故云三桓也、初三家皆豪濫、至爾時並衰、故云微也、

孔安國曰。三桓者謂仲孫叔孫季孫也。三卿皆出桓公。故曰三桓也。仲孫氏改其氏稱孟氏。至襄公皆衰也。後改仲孫氏稱孟氏、故多云孟孫氏也、

論語義疏第八

孔子曰。益者三友。明與朋友益者有三事、故云朋友益者三友、損者三友。又明與朋友損者只有三事、故云損者三友也、友直。一益也、所友得正直之人也、友諒。二益也、所友得有信之人也、諒信也、友多聞。益矣。三益也、所友得能多所聞解人之也、益矣上所言三事、皆是有益之朋友也、友便辟。此一損也、謂與便辟之人爲朋友者也、

馬融曰。便辟巧避人之所忌。以求容媚者也。謂語巧能辟人所忌者、爲便辟也、

友善柔。二損也、謂所友者善柔者也、善柔謂面從而背毀者也、

馬融曰。面柔者也。

友便佞。三損也、謂與便佞爲友也、便佞辨而佞者也、損矣。上三事皆是爲損之朋友也、

鄭玄曰。便辨也。謂佞而辨也。

孔子曰。益者三樂。謂以心中有所受樂之事三者爲益人者也、損者三樂。又謂以心中所愛樂有三事爲損人者也、樂節禮樂。一益也、謂心中所愛樂、樂得於禮樂之節也、

動靜得於禮樂之節也。動靜樂得禮樂之節也、

樂道人之善。二益也、心中所愛樂、樂道說揚人之善事也、樂多賢友。三益也、心中所愛樂、樂得多賢爲朋友也、益矣。此上三樂、皆是爲益之樂也、樂驕樂。此明一損也、心中所愛樂、爲驕慠以自樂也、

孔安國曰。恃尊貴以自恣也。

樂佚遊。此二損也、心中所愛樂、恣於自逸憸而遨遊、不用節度也、

王肅曰。佚遊出入不知節也。

樂宴樂。三損也、心中所愛樂、宴飲酖酣以爲樂也、損矣。此上三樂、皆是爲損之樂也、

孔安國曰。宴樂沈荒淫瀆也。三者自損之道也。

孔子曰。侍於君子有三愆。愆過也、卑侍於尊、有三事爲過失也、

孔安國曰。愆過也。

言未及之而言。謂之躁。一過也、侍君子之坐、君子言語次第承之、未及其抄次而言言、此是輕動將躁之者、

鄭玄曰。躁不安靜也。

言及之而不言。謂之隱。二過也、言語次第已應及其人、忽君之不肯出言、此是情心不盡、有所隱匿之者也、

孔安國曰。隱匿不盡情實也。

未見顔色而言。謂之瞽。瞽者盲人也、盲人目不見人顔色、而只言人之是非、今若不盲侍坐、未見君子顔色趣向、而便逆言之、此是與盲者無異質、故謂之爲瞽也、

周生烈曰。未見君子顔色所趣向。而便逆先意語者猶瞽也。

孔子曰。君子有三戒。君子自戒、其事有三、故云有三戒也、少之時。血氣未定。戒之在色。一戒也、少謂卅以前也、爾時血氣猶自薄少、不可過欲、過欲則爲自損、故戒之也、及其壯也。血氣方剛。戒之在鬭。二戒也、壯謂三十以上也、禮卅壯而爲室、故不復戒色也、但年齒已壯、血氣方剛、性力雄猛有無所與讓好爲鬭、故戒之也、及其老也。血氣既衰。戒之在得。三戒也、老謂年五十以上也、年五十始衰、無復鬭爭

論語義疏第八

之勢、而戒之在得也、得貪得也、老人好貪、故戒之也、老人所以好貪者、夫年少象春夏、春夏爲陽、陽法主施、故少年明怡也、年老象秋冬、秋冬爲陰、陰體斂藏、故老者好斂聚多貪也、

孔安國曰。得貪得也。

孔子曰。君子有三畏。心服曰畏、君子所畏有三事也、畏天命。一畏也、天命謂作善降百祥、作不善降百殃、從吉逆凶、是天之命、故君子畏之、不敢逆之也、

順吉逆凶。天之命也。

畏大人。二畏也、大人聖人也、見其含容、而曰大人、見其作教正物、而曰聖人也、今云畏大人、謂居位爲君者也、聖人在上、含容覆幬、一雖不察、察而君子畏之也、

大人即聖人。與天地合其德者也。

畏聖人之言。三畏也、聖人之言謂五經典籍聖人遺文也、其理深遠、故君子畏也、

深遠不可易知。則聖人之言也。理皆深遠、不可改易也、

小人不知天命而不畏也。既小人與君子反、故不畏君子之所畏者也、小人見天道恢疏而不信從吉逆凶、故不畏之而造爲惡逆之也、

恢疏故不知畏也。天網恢恢疏而不失、小人見天命不切切之急、謂之不足畏也、

狎大人。見大人含容、故褻慢而不敬也、江熙云、小人不懼德、故媟慢也、

直而不肆。故狎之也。肆猶經威毒也、大人但用行不邪、而不毒私威毒也、

侮聖人之言。謂經籍爲虛妄、故輕侮之也、江熙云、以典籍爲妄作也、

不可小知。故侮之也。經籍深妙、非小人所知、故云不可小知也、

論語義疏第八

孔子曰。生而知之者上也。此章勸學也、故先從聖人始也、若生而自有知識者、此明是上智聖人、故云上也、學而知之者次也。謂上賢也、上賢既不生知、資學以滿分、故次生知者也、困而學之又其次也。謂中賢以下也、本不好學、特以己有所用、於理困憤不通、故憤而學之、只此次前上賢人也、

孔安國曰。困謂有所不通也。

困而不學。民斯爲下矣。謂下愚也、既不好學、而困又不學、此是下愚之民也、故云民斯爲下也、孔子曰。君子有九思。言君子所宜思之事、其條有九也、視思明。一也、若自瞻視万事、不得孟浪、唯思分明也、聽思聰。二也、若耳聽万理不得落漠、唯思聰了也、色思溫。三也、若顏色平常不得嚴切、唯思溫和也、李充曰、靜容謂之和、柔暢謂之溫也、貌

思恭。四也、若容貌接物、不得違逆、唯思遜恭也、李充曰、動容謂之貌、謙接謂之恭也、言思忠。五也、若有所言語、不得虛僞、唯思盡於忠心也、事思敬。六也、凡行万事、不得慠慢、唯思於敬也、故曲禮云無不敬也、疑思問。七也、心有所疑、不得輙自斷決、當思諮問於事有識者也、忿思難。八也、彼有違理之事、來觸於我、我必忿怒於彼、雖然不得乘此忿心以報於彼、當思於忽有急難日也、一朝之忿忘其身以及其親、是謂難也、見得思義。九也、不義而富且貴、於我如浮雲、若見己應有所得、當思是義取也、江熙云、義然後取也、孔子曰。見善如不及。見有善者、當慕而齊之、恒恐己不能相及也、袁氏曰、恒恐失之、故馳而及之也、見不善如探湯。若見彼不善者、則己急宜畏避不相染入、譬如人使己以手探於沸湯爲也、吾見其人矣。吾聞其語矣。孔子自云、此上二事、吾嘗見其人、亦嘗聞有其語也、

孔安國曰。探湯喩去惡疾也。去猶避、疾速也、謂避惡之速、顏特進云、好善如所慕、惡惡如所畏、合義之情可傳之理、既見其人、又聞其語也、

隱居以求其志。志達昏亂、故願隱居遁、言幽居以求其志也、行義以達其道。常願道中、故躬行、行義以達其道矣、吾聞其語矣。未見其人也。唯聞昔有夷齊能然、是聞其語也、而今世無復此人、故云未見其人也、顏特進云、隱居所以求志於世表、行義所以見達道於古人、無立之高、難能之行、徒聞其語、未見其人也、

齊景公有馬千駟。千駟四千匹馬也、死之日民無得稱焉。生時無德而多馬、一死則身與名俱消、故民無所稱譽也、

孔安國曰。千駟四千匹也。

伯夷叔齊餓于首陽之下。夷齊是孤竹君之二子也、兄弟讓國、遂入隱于首陽、

之山、武王伐紂、夷齊叩武王馬諫曰、爲臣伐君、豈得忠乎、横尸不葬、豈得孝乎、武王左右欲殺之、太公曰、此孤竹君之子、兄弟讓國、大王不然制也、隱於首陽山、合方立義、不可殺、是賢人、即止也、夷齊反首陽山、責周不食周粟、唯食草木而已、後遂西令支縣佑家白張石虎往蒲坂採材、謂夷齊云、汝不食周粟、何食周草木、夷齊聞言、即遂不食七日餓死、云首陽下者、在山邊側者也、

馬融曰。首陽山在河東蒲坂華山之北河曲之中也。

民到于今稱之。雖無馬而餓死、而民至孔子之時、相傳揄揚愈盛也、其斯謂與。斯此也、言多馬而無德、亦死即消、雖餓而有德、稱義無息、言有德不可不重、其此謂之也、

王肅曰。此所謂以德爲稱者也。

陳亢問於伯魚曰、子亦有異聞乎。陳亢卽子禽也、伯魚卽鯉也、亢言伯魚是孔子之子、孔子或私教伯魚、有異門徒聞、故云子亦有異聞不也、呼伯魚而爲子也、

馬融曰、以爲伯魚孔子之子、所聞當有異也。

對曰、未也。伯魚對陳亢云、我未嘗有異聞也、嘗獨立。此述己生平私得孔子見語之時也、言孔子嘗獨立、左右無人也、

孔安國曰、獨立謂孔子也。

鯉趨而過庭。孔子獨立在堂、而己趨從中庭過也、曰、學詩乎。孔子見伯魚從庭過、呼而問之云、汝嘗學詩不乎、對曰、未之。伯魚述己學答孔子、言未嘗學之詩也、曰、不學詩無以言也。孔子聞伯魚未嘗學詩、故以此語之、言詩有比興答對酧酢、人若不學詩、則無以與人言語也、鯉退而學詩。伯魚得孔子之旨、故還己舍而學詩之也、他日又

獨立。他日又別日也、孔子又在堂獨立也、鯉趨而過庭。伯魚又從中庭過也、曰學禮乎。孔子又問伯魚、學禮不乎、對曰。未也。亦答云、未學禮之也、不學禮無以立。孔子又語伯魚云、禮是恭儉莊敬立身之本、人有禮則安、無禮則危、若不學禮、則無以自立身也、鯉退而學禮。鯉從旨退而學禮也、聞斯二者矣。又答陳亢言己爲孔子之子、唯私聞學詩學禮二事也、陳亢退而喜曰。問一得三。陳亢得伯魚答己二事、故退而歡喜也、言我問異聞之一事、而今得聞三事也、聞詩。聞禮。又聞君子之遠其子也。伯魚二也、又君子遠其子三也、伯魚是孔子之子、一生之中唯聞二事、即是君子不獨親子、故相疏遠、是陳亢今得聞君子遠於其子也、范寧曰、孟子云、君子不教子何也、勢不行也、教者必以正、以正不行、繼之以怒、繼之以怒、則反夷矣、父子相夷惡也、邦君之妻。君稱之曰夫

人。當時禮亂、稱謂不明、故此正之也、邦君自呼其妻曰夫人也、夫人自稱曰小童。此夫人向夫自稱、則曰小童、小童幼少之目也、謙不敢自以比於成人也、邦人稱之曰君夫人。邦人其國民人也、若其國之民呼君妻、則曰君夫人也、君自稱云、單曰夫人、故夫人民人稱、帶君言之也、稱諸異邦曰寡小君。自我國臣民、向他邦人、稱我君妻、則曰寡小君也、君自稱曰寡人、故臣民稱君爲寡君、稱君妻爲寡小君也、異邦人稱之。亦曰君夫人也。若異邦臣來、卽稱主國君之妻、則亦同曰君夫人也、

孔安國曰。小君君夫人之稱也。對異邦謙。故曰寡小君。當此之時。諸侯嫡妾不正。稱號不審。故孔子正言其禮也。

論語義疏第八　季氏　三十一　懷德堂

論語義疏第八

經一千七百七十四字

注一千九百七十字

論語義疏第八

論語義疏卷第九 陽貨 微子　　梁國子助教吳郡皇侃撰

論語陽貨第十七　　何晏集解　凡廿四章

疏陽貨者季氏家臣凶惡者也、所以次前者、明於時凶亂非唯國臣無道、至於陪臣賤亦並凶愚、故陽貨次季氏也、○

陽貨欲見孔子。陽貨者季氏家臣陽虎也、于時季氏稍微、陽貨爲季氏宰、專魯國政、欲使孔子仕己、故使人召孔子、欲與孔子相見也、**孔子不見。**孔子惡其專濫、故不與之相見也、

孔安國曰。陽貨陽虎也。季氏家臣而專魯國之政。

欲見孔子使仕也。

歸孔子豚。歸猶餉也、既召孔子、孔子不與相見、故又遺人餉孔子豚也、所以召不來而餉豚者、

禮得敵己以下餽、但於己家拜餽而已、勝己以上見餽、先既拜於己家、明日又往餽者之室也、陽虎乃不勝孔子、然己交專魯政、期度孔子必來拜謝、己、因得與相見也、得相見而勸之欲仕也、

孔安國曰。欲使往謝。故遺孔子豚也。

孔子時其亡也。而往拜之。亡無也、謂虎不在家之時也、孔子曉虎見餽之意、故往拜謝也、若往謝必與相見、相見於家、事或盤桓、故敢伺虎不在家時、而往拜於其家也、矣、

遇諸塗。塗道路也、既伺其不在而往拜、拜竟而還、虎之相逢遇於路中也、孔子聖人、所以不計避之、而在路相與相逢者、其有所以也、若遂不相見、則陽虎求召不已、既得相見、期其意畢耳、但不欲久與相對、故造次在塗路也、所以知是已拜室還與相逢者、既先云時亡也、後云遇塗、故知已至其家也、其若未至室、則於禮未畢、或有更隨其至己家之理、故先伺不在而往、往畢還而相逢也、

孔安國曰。塗道也。於道路與相逢也。一家通云、餉豚之時、孔子不在、故往謝之也、然於玉藻中爲便、而往不勝此集解通也、

謂孔子曰。來。貨於道見孔子、而呼孔子令來孔子趨就己也、予與爾言。予我也、爾汝也、貨先呼孔子來、而又云、我與汝言也、曰。懷其寶而迷其邦。可謂仁乎。此陽貨與孔子所言之辭也、既欲令仕已、故先發此言也、此貨罵孔子不仕也、寶猶道也、言仁人之行當惻隱救世以安天下、而汝懷藏佐時之道、不肯出仕、使邦國迷亂、爲此之事豈可謂爲仁乎、曰。不可。孔子曉虎之言、故遜辭求免、而答己不可也、言不可謂此爲仁人也、

馬融曰。言孔子不仕。是懷寶也。知國不治而不爲政。是迷邦也。

好從事而亟失時。可謂智乎。此亦罵孔子不智也、好從事、謂好周流東西、從於世事也、亟數也、言智者以照了爲用、動無失時、而孔子數栖栖遑遑、東西從事、而數失時、不爲時用、如此豈可謂汝爲聖人乎矣、曰不可。又遜辭云不可也、

孔安國曰。言孔子栖栖好從事。而數不遇失時。不爲有智也。

日月逝矣。歲不我與。罵孔子、孔子辭既畢、故貨又以此辭勸孔子出仕也、逝速也、言日月不停、速不待人、豈得懷寶至老而不仕乎、我我孔子也、

馬融曰。年老歲月已往。當急仕也。

孔子曰。諾。吾將仕矣。孔子得勸、故遜辭答之云、諾吾將仕也、郭象云、聖人無心、仕與不仕隨世耳、陽虎勸仕、理無不諾、不能用我、則我無自用、此直道而應者也、然免遜之理亦在其中也、

孔安國曰。以順辭免害也。

子曰。性相近也。習相遠也。性者人所稟以生也、習者謂生而後有儀、常所行習之事也、人俱稟天地之氣以生、雖復厚薄有殊、而同是稟氣、故曰相近也、及至識、若值善友則相效爲善、若逢惡友則相效爲惡、惡善既殊、故云相遠也、故范寧云、人生而靜天之性也、感於物而動性之欲也、斯相近也、習洙泗之教爲君子、習申商之術爲小人、斯相遠矣也、

孔安國曰。君子愼所習也。然性情之義、說者不同、且依一家之舊釋云、性者生也、情者成也、性是生而有之、故曰生也、情是起欲動、彰事、故曰成也、然性無善惡、而有濃薄、情是有欲之心、而有邪正、性既是全生、而有未涉乎用、非唯不可名爲惡、亦不可目爲善、故性無善惡也、所以知然者、夫善惡之名、恒就事而顯、故老子曰、天下以知美之爲美、斯惡已、以知善之爲善、斯不

善已、此皆據事而談、情有邪正者、情既是事、若逐欲流遷、其事則邪、若欲當於理、其事則正、故情不得不有邪有正也、故易曰、利貞者性情也、王弼曰、不性其情、焉能久行其正、此是情之正也、若心好流蕩失眞、此是情之邪也、若以情近性、故云性其情、情近性者、何妨是有欲、若逐欲遷、故云遠也、若欲而不遷、故曰近、但近性者正、而即性非正、雖即性非正、而能使之正、譬如近火者熱、而即火非熱、雖即火非熱、而能使之熱、能使之熱者何、氣也、熱也、能使之正者何、儀也、靜也、又知其有濃薄者、孔子曰、性相近也、若全同也、相近之辭不生、若全異也、相近之辭亦不得立、今云近者、有同有異、取其共是無善無惡則同也、有濃有薄則異也、雖異而未相遠、故曰近也、

子曰、唯上智與下愚不移。前既云性近習遠、而又有異、此則明之也、夫降聖以還、賢愚萬品、若大而言之、且分爲三、上分是聖、下分是愚、愚人以上、聖人以下、其中階品不同、而共爲一、

此之共一則有推移、今云上智謂聖人、下愚愚人也、夫人不生則已、若有生之始、便稟天地陰陽氛氳之氣、氣有清濁、若稟得淳清者、則爲聖人、若得淳濁者、則爲愚人、愚人淳濁、雖澄亦不清、聖人淳清、攪之不濁、故上聖遇昏亂之世、不能撓其眞、下愚値重堯疊舜、不能變其惡、故云唯上智與下愚不移也、而上智以下下愚以上二者中間、顏閔以下一善以上、其中亦多清少濁、或多濁少清、或半清半濁、澄之則清、攪之則濁、如此之徒、以隨世變改、若遇善則清升、逢惡則滓淪、所以別云性相近習相遠也、

孔安國曰。上智不可使強爲惡。下愚不可使強賢也。

子之武城。聞弦歌之聲。之往也、于時子游爲武城宰、而孔子往焉、既入其邑、聞弦歌之聲也、但解聞弦歌之聲、其則有二、一云孔子入武城堺、聞邑中人家家有弦歌之響、由子游正化和

樂故也、繆播云、子游宰小邑、能使民得其可弦歌以樂也、又一云、謂孔子入城、聞子游身自弦歌以教民也、故江熙云、小邑但當令足衣食教、敬而已、反教歌詠先王之道也、

孔安國曰。子游爲武城宰也。

夫子莞爾而咲。孔子聞弦歌聲而咲之也、莞爾小笑貌也。

曰。割鷄焉用牛刀。孔子說可咲之意也、牛刀大刀也、割鷄宜用雞刀、割牛宜用牛刀、若割雞而用牛刀、刀大而雞小、所用之過也、譬如武城小邑之政、可用小才而已、用子游之大才、是才大而用小也、故繆播云、惜不得導千乘之國、如牛刀割雞不盡其才也、江熙云、如牛刀割雞非其宜也、

孔安國曰。言治小何須用大道也。

子游對曰。昔者偃也聞諸夫子。曰。君子學道則愛人。

小人學道則易使也。子游得孔子咲己、故對所以弦歌之意也、先據聞之於孔子言云、若君子學禮樂、則必以愛人爲用、小人學道、則易使爲樂業、而偃今日所以有此弦歌之化也、一云、子游既學道於孔子、今日之化政是小人易使、故繆播云、大博學之言亦可進退也、夫子聞鄉黨之人言、便引得射御、子游聞牛刀之喻、且取非宜、故曰、小人學道則易使也、其不知之者、以爲戲也、其知之者、以爲賢聖之謙意也、

孔安國曰。道謂禮樂也。樂以和人。人和則易使也。就如注意言、子游對所以弦歌化民者、欲使邑中君子學之則愛人、邑中小人學之則易使也、

子曰。二三子。二三子從孔子行者也、孔子將欲美言偃之是、故先呼從行之二三子也、

孔安國曰。從行者也。

偃之言。是也。言子游之言所以用弦歌之化是也、前言戲之耳。言我前云割雞焉用牛刀、是戲是治小而才大也、

孔安國曰。戲以治小而用大道也。

公山不擾姓公山、名不擾也、以費畔。費季氏采邑也、畔背叛也、不擾當時爲季氏邑宰而作亂、與陽虎共執季氏、是背畔於季氏也、召子。欲往。旣背畔、使人召孔子、孔子欲往應召也、

孔安國曰。不擾爲季氏宰。與陽虎共執季桓子。而召孔子也。

子路不悅。子路見孔子欲往、故己不欣悅也、曰。末之也已。何必公山氏之之也。子路不悅、而後說此辭也、末無也、之適也、已止也、中之語助也、下之亦適也、子路云

雖時不我用、若無所適往、則乃當止耳、何必公山氏之適也、孔安國曰。之適也。無可之則止耳。何必公山氏之適也。

子曰。夫召我者而豈徒哉。孔子答子路所以欲往之意也、徒空也、言夫欲召我者、豈容無事空然而召我乎、必有以也、如有用我者。吾其爲東周乎。若必不空然而用我時、則我當爲興周道也、魯在東、周在西、云東周者、欲於魯而興周道、故云吾其爲東周也、一云、周室東遷洛邑、故曰東周、王弼云、言如能用我者、不擇地而興周室道、興周道於東方。故曰東周也。

子張問仁於孔子。孔子對曰。能行五者於天下爲仁矣。言若能行五事於天下、則可謂之爲仁人也矣、請問之。子張不曉五者之事、故反請問其目

也、曰。恭。寬。信。敏。惠。答五者之目也、恭則不侮。又爲歷解五事所以爲仁之義也、言人君行己能恭、則人以敬己、不敢見輕侮也、故江熙云、自敬者人亦敬己也、

孔安國曰。不見侮慢也。

寬則得衆。人君所行寬弘、則衆附歸之、是故得衆也、信則人任焉。人君立言必信、則爲人物所見委任也、一云、人思任其事、故不見冥也、敏則有功。敏疾也、人君行事不懈而能進疾也、則事以成而多功也、

孔安國曰。應事疾則多成功也。

惠則足以使人。人君有恩惠加民、民則以不憚勞役也、故江熙云、有恩惠則民忘勞也、

晡盻召。晡盻使人召於孔子、子欲往。孔子欲應召使而往也、

孔安國曰。晉大夫趙簡子之邑宰也。

子路曰。昔者由也聞諸夫子。曰。親於其身爲不善者。君子不入。子路見孔子欲應佛肸之召、故據昔聞孔子之言而諫止之也、子路云、由昔親聞孔子之言、云、若有人自親行不善之事者、則君子不入其家也、

孔安國曰。不入其國也。

佛肸以中牟畔。據佛肸身自爲不善之事也、佛肸經爲中牟邑宰、而遂背畔、此是不善之事也、子之往也。如之何。佛肸身爲不善、而今夫子若爲往之、故云如之何也、子曰。然。有是言也。然如此也、孔子答曰、有如此所說也、我昔者有此君子不入於不善之國之言、

不曰堅乎。磨不磷。不曰白乎。涅而不緇。孔子既然之而更廣述我從來所言非一、或云君子不入不善之國、亦云君子入不善之國而不爲害、徑爲之說二譬、譬天下至堅

之物、磨之不薄、至白之物、染之不黑、是我昔亦有此二言、汝今那唯憶不入而不憶亦入乎、故曰、不曰堅乎、磨而不磷、不曰白乎、涅而不緇、言我昔亦經有曰也、故云不曰白乎、以問之也、

孔安國曰。磷薄也。涅可以染皂者。言至堅者磨之而不薄。至白者染之涅不黑。喻君子雖在濁亂。濁亂不能汚。然孔子所以有此二說不同者、或其不入是爲賢人、賢人以下易染、故不許入也、若許入者是聖人、聖人不爲世俗染黑、如至堅至白之物也、子路不欲往、孔子欲往、故其告也、

吾豈匏瓜也哉。焉能繫而不食。孔子亦爲說我所以一應召之意也、言人非匏瓜、匏瓜係滯一處、不須飲食而自然生長、乃得不用、何通乎、而我是須食之人、自應東西求覓、豈得如匏瓜係而不食耶、一通云、匏瓜星名也、言人有才智、宜佐時理務爲人所用、豈得如匏瓜係天而不可

食邪、王弼云、孔子機發後應、事形乃視、擇地以處身、
貧教、以全度者也、故不入亂人之邦、聖人通遠慮微

應變神化、濁亂不能污其潔、凶惡不能害其性、所以
避難不藏身、絕物不以形也、有是言者、言各有所施

也、苟不得係而不食、舍
此適彼、相去何若也、

匏瓠也。言匏瓜得繫一處者。不食故也。吾自食物。

當東西南北。不得如不食之物繫滯一處也。江熙云、夫

子豈實之公山弗肸乎、故欲往之意耶、汎爾無係、
以觀門人之情、如欲居九夷乘桴浮於海耳、子路

見形而不及道、故聞乘桴而喜、聞之公山、
而不悅、升堂而未入室、安測聖人之趣哉、

子曰。由。呼子路名而問之也、汝聞六言六弊矣乎。夫所欲問子
路、汝所曾聞六

言而每言以有弊塞之事乎、言既有六、故弊亦有六、
故云六言六弊之事、在下文、王弼云、不自見其過也、

六言六弊下六事。謂仁智信直勇剛也。

對曰。未也。子路對曰、未曾聞之、曰。居。吾語汝。居猶復坐也、子路得孔子問、避席而對云、未也、故孔子呼之使復坐也、吾當語汝也、

孔安國曰。子路起對。故使還坐也。

好仁不好學。其弊也愚。一也、然此以下六事以謂中人也、夫事得中適、莫不資學、若不學而行事、猶無燭夜行也、仁者博施周急、是德之盛也、唯學者能裁其中、若不學而施、施必失、所是與愚人同、故其弊在於愚也、江熙云、好仁者一聞其風而悅之者也、不塞學不能深源乎其道、知其一而未識其二、所以弊也、自非聖人、必有所偏、偏才雖美必有所弊、學者假教以節其性、觀教知變、則見所遇也、

孔安國曰。仁者愛物。不知所以裁之。則愚也。

好智不好學。其弊也蕩。二也、智以運動爲用、若學而裁之、則智動會理、若不學而運動、則弊塞在於蕩、無所的守也、

孔安國曰。蕩無所適守也。

好信不好學。其弊也賊。三也、信者不欺爲用、若學而爲信、信則合宜、不學而信、信而不合宜、不合宜則弊塞在於賊害其身也、江熙云、尾生與女子期、死於梁下、宋襄與楚人期、傷泓不度、信之害也、

孔安國曰。父子不知相爲隱之輩也。

好直不好學。其弊也絞。四也、直者不曲爲用、若學而行之、得中適、若不學而直、則弊塞在於絞、絞猶刺也、好譏刺人之非、成己之直也、

好勇不好學。其弊也亂。五也、勇是多力、多力若學、則能用勇、敬拜於廟廊、捍難於邊壃、若勇不學、則必弊塞在於作亂也、

好剛不好學。其弊也狂。六也、剛者無欲、不爲曲求也、若復學而剛、則中適爲美、若剛而不學、

則必弊在於狂、狂謂抵觸於人無廻避者也、

孔安國曰。狂妄抵觸於人也。

子曰。小子。呼諸弟子、欲語之也、何莫學夫詩。莫無也、夫語助也、門弟子汝等何無學夫詩者也、

苞氏曰。小子門人也。

詩可以興。又爲說所以宜學之由也、興謂譬喻也、言若能學詩、詩可令人能爲譬喻也、

孔安國曰。興引譬連類也。

可以觀。詩有諸國之風、風俗盛衰可以觀覽以知之也、

鄭玄曰。觀觀風俗之盛衰也。

可以群。詩有如切如磋如琢如磨、是朋友之道、可以群居也、

孔安國曰。群居相切磋也。

可以怨。詩可以怨刺諷諫之法、言之者無罪、聞之者足以戒、故可以怨也、

孔安國曰。怨刺上政也。

邇之事父。遠之事君。邇近也、詩有凱風白華、相戒以養、是近有事父之道也、又雅頌君臣之法、是有遠事君之道也、江熙云、言事父與事君、以有其道也、

孔安國曰。邇近也。

多識於鳥獸草木之名。關雎鵲巢是有鳥也、騶虞狼跋是有獸也、采蘩葛覃是有草也、甘棠棫樸是有木也、詩並載其名、學詩者則多識之也、

子謂伯魚曰。汝爲周南邵南矣乎。伯魚孔子之子也、爲猶學也、周南關雎以下詩也、召南鵲巢以下詩也、孔子見

論語義疏第九

伯魚而謂之云、汝已曾學周召二南之詩乎、然此問卽是伯魚趨過庭、孔子問之學詩時也、人而不爲周南邵南。其猶正牆面而立也與。先問之而更爲說、周召二南所以宜學之意也、牆面面向牆也、言周召二南既多所含載、讀之則多識草木鳥獸、及可事君親、故若不學詩者、則如人面正向牆而倚立、終無所瞻見也、然此語亦是伯魚過庭時、對曰未學詩、而孔子云不學詩無以言也、馬融曰。周南邵南。國風之始。得淑女以配君子。三綱之首。王教之端。故人而不爲。如向牆而立也。

子曰。禮云禮云。玉帛云乎哉。此章辨禮樂之本也、夫禮所貴、在安上治民、但安上治民、不因於玉帛而不達、故行禮必用玉帛耳、當乎周季末之君、唯知崇尙玉帛、而不能安上治民、

故孔子歎之云也、故重言禮云禮云玉帛云乎哉、明禮之所云不玉帛也、

鄭玄曰。玉珪璋之屬。帛束帛之屬。言禮非但崇此玉帛而已。所貴者乃貴其安上治民也。

樂云樂云。鐘鼓云乎哉。樂之所貴、在移風易俗、因於鐘鼓而宜、故行樂必假鐘鼓耳、當澆季之主、唯知崇尚鐘鼓、而不能移風易俗、孔子重言樂云樂云鐘鼓云乎哉、明樂之所云不在鐘鼓也、

馬融曰。樂之所貴者移風易俗也。非謂鐘鼓而已也。王弼云、禮以敬爲主、玉帛者敬之用飾、樂主於和、鐘鼓者樂之器也、于時所謂禮樂者、厚贄幣而所簡於敬、盛鐘鼓而不合雅頌、故正言其義也、繆播曰、玉帛禮之用、非禮之本、鐘鼓者樂之器、非樂之主、假玉帛以達禮、禮達則玉帛可忘、借鐘鼓以顯樂、樂顯則鐘鼓可遺、以禮假

玉帛於求禮、非深乎禮者也、以樂託鐘鼓於求樂、非通乎樂者也、苟能禮正、則無持於玉帛、而上安民治矣、苟能暢和、則無借於鐘鼓、而移風易俗也、

子曰。色厲而內荏。厲矜正也、荏柔佞也、言人有顏色矜正於外、而心柔佞於內者也、

孔安國曰。荏柔也。謂外自矜厲而內柔佞者也。

譬諸小人。其猶穿窬之盜也與。此爲色厲內荏作譬也、言其譬如小人爲偸盜之時也、小人爲盜、或穿人屋壁、或踰人垣墻、當此之時、外形恒欲進爲取物、而心恒畏人、常懷退走之路、是形進心退、內外相乖、如色之外、矜正而心內柔佞者也、

孔安國曰。爲人如此。猶小人之有盜心。穿。穿壁。窬。窬墻也。江熙云、田文之客能爲狗盜、穿壁如踰而入、盜之密也、外爲矜厲而實柔、佞之密也、

峻其牆宇謂之兕盜、而狗盜者往焉、高其抗厲謂之兕佞、而色厲者入焉、古聖難於荏人、今夫子又若爲之喻、明兕者鮮矣、傳云、篳門珪窬也、

子曰。鄉原德之賊。鄉鄉里也、原源本也、言人若凡往所至之鄉、輒憶度逆用意、源本其人情而待之者、此是德之賊也、言賊害其德也、又一云、鄉向也、謂人不能剛毅、而好面從、見人輒媚向而原趣求合、此是賊德也、周生烈曰。所至之鄉。輒原其人情而爲己意以待之。是賊亂德者也。一曰。鄉向也。古字同。謂人不能剛毅。而見人輒原其趣向。容媚而合之。言此所以賊德也。如前二釋也、張憑云、鄉原原壤也、孔子鄉人、故曰鄉原也、彼遊方之外也、而行不應規矩、不可以訓、故每抑其迹、所以弘德也、

子曰。道聽而塗說。德之棄。道道路也、塗亦道路也、記問之學不足以爲人師、人師必當温故而知新、研精久習、然後乃可爲人傳說、耳、若聽之於道路、道路仍卽爲人傳說、必多謬妄、所說以爲有德者所棄也、亦自棄其德也、江熙云、今之學者不爲己者也、況乎道聽者乎、逐末愈甚、棄德彌深也、

馬融曰。聞之於道路。則傳而說之也。

子曰。鄙夫可與事君哉。言凡鄙之人、不可與之事君、故云可與事君哉、

孔安國曰。言不可與事君也。

其未得之。患得之。此以下明鄙夫不可與事君之由也、患得之謂患不能得也、言初未得事君之時、恒懃懃患己不能得事君也、

患得之者。患不能得之。

楚俗言。楚之風俗、其言語如此也、呼患不得爲患得之也、

既得之。患失之。患失之、患不失之也、既得事君而生厭心、故患己不遺失之也、苟患失之。無所不至矣。既患得失在於不定、則此鄙心廻邪無所不至、或爲亂也、

鄭玄曰。無所不至者。言邪媚無所不爲也。

子曰。古者民有三疾。古謂淳時也、疾謂病也、其事有三條、在下文也矣、今也或是之亡也。今謂澆時也、亡無也、言今之澆民無復三疾之事也、

苞氏曰。言古者民疾與今時異也。江熙云、今之民無古者之疾、而病過之也矣、

古之狂也肆。一也、古之狂者恒肆意、所爲好在抵觸、以此爲疾者也、

苞氏曰。肆極意敢言也。

今之狂也蕩。蕩無所據也、蕩猶動也、今之狂不復肆直、而皆用意、澆競流動也、復無得據仗也、

孔安國曰。蕩無所據也。

古之矜也廉。二也、矜莊也、廉隅也、古人自矜莊者、好大有廉隅、以此爲病也、李充曰、矜厲其行向廉潔也、

馬融曰。有廉隅也。

今之矜也忿戾。今世之人自矜莊者、不能廉隅、而因之爲忿戾怒物也、

孔安國曰。惡理多怒也。言今人既惡、則理自多怒物也、李充曰、矜善上人、物所以不與、則復之者至矣、故怒以戾與忿激也、

古之愚也直。三也、古之愚者不用其智、不知俯仰、病在直情徑行、故云直也、今之愚也詐而已矣。今之世愚、不識可否、唯欲欺詐自利者也、又通云、古之狂者唯肆情而病於蕩、

今之狂則不復病蕩、故蕩不肆也、又古之矜者唯廉隅而病於忿戾、今之矜者則不復病忿戾、而不廉也、又古之愚者唯直而病詐、今之愚者則不復病詐、故云詐而不直也、子曰。惡紫之奪朱也。紫是間色、朱是正色、正色宜行、間色宜降、不得用間色之物、以妨奪正色之用也、言此者、爲時多以邪人奪正人、故孔子託云惡之者也、孔安國曰。朱正色。紫間色之好者。惡其邪好而奪正色也。

惡鄭聲之亂雅樂。鄭聲者鄭國之音也、其音淫也、雅樂者其聲正也、時人多淫聲以廢雅樂、故孔子惡之者也、

苞氏曰。鄭聲淫之哀者。惡其奪雅樂也。

惡利口之覆邦家也。利口辯佞之口也、邦諸侯也、家卿大夫也、君子辭達而已、不用

辯佞無實而傾覆國家、故爲孔子所惡也、孔安國曰。利口之人多言少實。苟能悅媚時君。覆傾其國家也。

子曰。予欲無言。孔子忿世不用其言、其言爲益之少、故欲無所復言也、子貢曰。子如不言。則小子何述焉。小子弟子也、子貢聞孔子欲不復言、故疑而問之也、言夫子若遂不復言、則弟子等輩何所復傳述也、

言之爲益少。故欲無言也。

子曰。天何言哉。四時行焉。百物生焉。天何言哉。孔子既以有言無益、遂欲不言、而子貢怨若遂不言則門徒無述、故孔子遂曰、天亦不言、而四時遞行、百物互生、此豈是天之有言使之然乎、故云天何言哉也、天既不言而事行、故我亦欲不言而教行、是欲則天以行化

也、王弼云、子欲無言、蓋欲明本、舉本統末、而示物於極者也、夫立言垂教、將以通性、而弊至於淫、寄旨傳於辭、將以正邪、而勢至於繁、既求道中、不可勝御、是以修本廢言、則天而行化、以淳而觀、則天地之心、見於不言、寒暑代序、則不言之令行乎、四時、天豈諄諄者乎、

孺悲欲見孔子。使人召孔子、欲與孔子相見也、孺悲魯人也、

孔子辭之以疾。孔子不欲應孺悲之召、故辭云有疾不堪往也、

將命者出戶。將命者謂孺悲所使之人也、出戶謂受孔子疾辭畢、而出孔子之戶以去也、

取瑟而歌。使之聞之。孺悲使者去、裁出戶、而孔子取瑟以歌、欲使孺悲使者聞之也、所以然者、辭唯有疾而不往、恐孺悲問疾差、又召己不止也、故取瑟而歌、使使者聞之、知孔子辭疾非實、以還白孺悲、令孺悲知故不來耳、非爲疾不來也、

孺悲魯人也。孔子不欲見。故辭以疾。爲其將命者

不知己。故歌令將命者悟。所以令孺悲思也。李充云、孔子曰、人潔己以進、與其潔、不保其往、所以不逆乎互鄉也、今不見孺悲者何、明非崇道歸聖、發其蒙矣、苟不崇道、必有舛寫之心、則非教之所崇、言之所喩、將欲化之、未若不見也、聖人不顯物短、使無日新之塗、故辭之以疾、猶未足以誘之、故絃歌以表旨、使抑之而不彰、挫之而不絕、則矜鄙之心頹、而思善之路長也、

宰我問。三年之喪。期已久矣。禮爲至親之服至三年、宰我嫌其爲重、故問至期則久、不假三年也、君子三年不爲禮。禮必壞。三年不爲樂。樂必崩。宰我又說喪不宜三年之義也、君子人君也、人君化物必資禮樂、若有喪三年、則廢於禮樂、禮樂崩壞、則無以化民、爲此之故、云宜期而不三年、禮云壞樂云崩者、禮是形化、形化故云壞、壞是漸敗之

名、樂是氣化、氣化無形、故云、崩、崩是墜、失之稱也、舊穀既沒。新穀既升。宰予又說一期爲足意也、言夫人情之變、本依天道、天道一期、則萬物莫不悉易、舊穀既沒盡、又新穀已熟、則人情亦宜法之而奪也、鑽燧改火。鑽燧者鑽木取火之名也、內則云、小觿木燧、是也、改火者年有四時、四時所鑽之木不同、若一年則鑽之一周、變改已遍也、期可已矣。宰我斷之也、穀沒又升、火鑽已遍、故有喪者一期亦爲可矣、

馬融曰。周書月令有更火之文。春取榆柳之火。夏取棗杏之火。季夏取桑柘之火。秋取柞楢之火。冬取槐檀之火。一年之中鑽火各異木。故曰改火也。引周書中月令之語有改火之事來爲證也、更猶改也、改火之木、隨五行之色而變也、榆柳色青、春

是木、木色青、故春用楡柳也、棗杏色赤、夏是火、火色赤、故夏用棗杏也、桑柘色黃、季夏是土、土色黃、故季夏用桑柘也、柞楢色白、秋是金、金色白、故秋用柞楢也、槐檀色黑、冬是水、水色黑、故冬用槐檀也、所以一年必改火者、人若依時而食其火、則得氣又宜、令人無災厲也、

子曰。食夫稻也。衣夫錦也。於汝安乎。孔子聞宰予云、一期爲足、故舉問之也、夫語助也、稻是穀之美者、錦是衣中之文華者、若一期除喪、除喪畢便食美衣華、在三年之內爲此事、於汝之心以此爲安不乎也、

曰。安。宰我答孔子也、云期而食稻衣錦以爲安也、

曰。汝安則爲之。孔子聞宰我之答云安、故孔子云、汝言此爲安、則汝自爲之也、

夫君子之居喪。食旨不甘。聞樂不樂。居處不安。故不爲也。孔子又爲宰我說三年內不可安於食稻衣錦也、言夫君子之人居親喪者、心如斬截、故無食美衣錦之理、假令食

於美食、亦不覺以爲甘、聞於韶武亦不爲雅樂、設居處華麗、亦非身所安、故聖人依人情而制爲苴麤之禮、不設美樂之具、故云不爲也、(上樂音岳)今汝安則爲之。陳舊事既竟、又更語之也、昔君子之所不爲、今汝若以一期猶此爲安、則自爲之、再言之者、責之深也、孔安國曰。旨美也。責其無仁恩於親。故再言女安則爲之。或問曰、喪服傳曰、既練及素食、鄭玄云、謂復平生時食也、若如彼傳及注、則期外食稻非嫌、孔子何以怪耶、答曰、北人重稻、稻爲嘉食、唯盛饍乃食之耳、平常所食、食黍稷之屬也、云反素食、則謂此也、

宰我出。宰我得孔子之罵竟而出去也、子曰。予之不仁也。仁猶恩也、言宰我無恩愛之心、故曰予之不仁也、予謂宰我之名也、子生三年。然后免於父母之

懷。又解所以不仁之事也、案聖人爲禮制以三年、有二義、一是抑賢、一是引愚、抑賢者、言夫人子於父母、有終身之恩、昊天罔極之報、但聖人爲三才宜理、人倫超絕、故因而裁之、以爲限節者也、所以三者何、夫人是三才之一、天地資人而成、人之生世、誰無父母、父母若喪、必使人子滅性及身服長凶、人以爾、則二儀便廢、爲是不可、故斷以年月、使送死有已、復生有節、尋制服致節、本應斷期、斷期是天道一變、人情亦宜隨人而易、但故改火促期、不可權終天之性、鑽燧過隙、無消創鉅文、故隆倍以期、再變再變是二十五月、始末三年之中、此是抑也、一是引愚者、言子生三年之前、未有知儀、父母養之、最鍾懷抱、及至三年以後、與人相關、飢渴痛癢有須能言、則父母之懷稍得寬免、今既終身難遂、故報以極時、故必至三年、此是引也、而宰予既爲其父母所生、亦必爲其父母所懷矣、將欲罵之、故先發此言引之也、

馬融曰。子生未三歲。爲父母所懷抱也。

夫三年之喪。天下通喪也。人雖貴賤不同、以爲父母懷抱、故制喪服、不以尊卑致殊、因以三年爲極、上自天子下至庶人、故云天下通喪也、且汝是四科之限、豈宜不及無儀之庶人乎、故言通喪引之也、

孔安國曰。自天子達於庶人也。

予也有三年之愛於其父母乎。予宰我名也、爲父母愛己故限三年、今宰我欲不服三年、是其誰有三年之愛於其父母不乎、一云、愛吝惜也、言宰我何忽愛惜三年於其父母也、

孔安國曰。言子之於父母。欲報之德。昊天罔極。而予也有三年之愛乎。依注亦不得爲前兩通也、繆播曰、爾時禮壞樂崩、而三年不行、宰我大懼其往、以爲聖人無微旨以戒將來、故假時人之謂、啓憤於夫子、義在屈己以明道也、予之不仁者何、答曰、時人失禮、人失禮而予謂爲然、是不仁矣、言不仁於萬物、又仁者施與之名、非

奉上之稱、若予安稻錦、廢此三年、乃不孝之甚、不得直云不仁、李充曰、子之於親、終身莫已、而今不過三年者、示民有終也、而予也何愛三年而云久乎、余謂孔子目四科、則宰我冠言語之先、安有知言之人而發違情犯禮之問乎、將以喪禮漸衰孝道彌薄、故起斯問以發其責、則所益者弘多也、

子曰。飽食終日無所用心。難矣哉。夫人若飢寒不足、則心情所期期於衣食、期於衣食則無暇思慮他事、若無事而飽食終日、則必思計爲非法之事、故云難矣哉、言難以爲處也、不有博奕者乎。爲之猶賢乎已。博者十二棊對而擲采者也、奕圍棊也、賢猶勝也、已止也、言若飽食而無事、則必思爲非法、若會是無業、而能有棊奕以消食采日、則猶勝乎無事而止住者也、爲其無所據樂。善生淫慾也。

子路曰。君子尚勇乎。子路既有勇、常言勇可崇尚、故問於孔子、君子之人常尚勇乎、

袁氏曰、見世尙須勇、故謂可尙乎、子曰、君子義以爲上。孔子答云、君子唯所尙於義以爲上也、君子有勇而無義爲亂。君子既尙義、若無義必作亂也、李充曰、既稱君子、又謂職爲亂階也、若遇君親失道、國家昏亂、其於赴患致命、而不知居正顧義者、則亦畏蹈平爲亂、而受不義之責也、小人有勇而無義爲盜。畏於君子不敢作亂、乃爲盜竊而已、

子貢問曰、君子亦有惡乎。惡謂憎疾也、舊說子貢問孔子曰、天下君子之道、有所憎疾以不乎、江熙云、君子卽夫子也、禮記云、昔者仲尼與於蜡賓、事畢出、喟然而歎、言偃曰、君子何歎乎、子曰、有惡。孔子答言、君子亦有所憎惡也、惡稱人之惡者。此以下並是君子所憎惡之事也、君子掩惡揚善、故憎人稱揚他人之惡事者也、

苞氏曰、好稱說人惡、所以爲安也。

惡居下流而訕上者。訕猶謗毀也、又憎惡爲人臣下而毀謗其君上者也、禮記云、君臣之禮有諫而無訕、是也、

孔安國曰。訕謗毀也。

惡勇而無禮者。勇而無禮則亂、故君子亦憎惡之也、惡果敢而窒者。窒塞也、又憎好爲果敢而塞人道理者也、若果敢不塞人道理者、則亦所不惡也、

馬融曰。窒窒塞也。

曰。賜也亦有惡也。子貢聞孔子說有惡已竟、故云賜亦有所憎惡也、故江熙云、己亦有所賤惡也、惡撽以爲智者。此子貢說己所憎惡之事也、撽抄也、言人生發謀出計、必當出己心、儀乃得爲善、若抄他人之意以爲己有、則子貢所憎惡也、

孔安國曰。撽抄也。抄人之意以爲己有之。

惡不遜以爲勇者。勇須遜從、若不遜而勇者、子貢所憎惡也、然孔子云、惡不遜爲勇者、二事又相似、但孔子所明、明體先自有勇而後行之無禮者、子貢所言、本自無勇、故假於孔子不遜以爲勇也、惡訐以爲直者。訐謂面發人之陰私也、人生爲直當自己不犯觸他人、則乃是善、若直對面發人陰私、欲成己直者、亦子貢所憎惡也、然孔子所惡者有四、子貢有三、亦示減師也、

苞氏曰。訐謂攻發人之陰私也。

子曰。唯女子與小人爲難養也。女子小人並稟陰閉氣多、故其意淺促、所以難可養立也、近之則不遜。此難養之事也、君子之人、人愈近愈敬、而女子小人近之、則其承狎而爲不遜從也、遠之則有怨。君子之交如水、亦相忘江湖、而女子小人、人若遠之、則生怨恨、言人不接己也、子曰。年四十而見惡焉。其終也已。人年未四十、則

德行猶進、當時雖未能善、猶望可改、若年四十已在不惑之時、猶爲衆人共所見憎惡者、則當終其一生、無復有善理、故云其終也已、

鄭玄曰。年在不惑。而爲人所惡。終無善行也。

論語微子第十八　何晏集解　凡十一章

疏 微子者殷紂庶兄也、明其觀紂凶惡必喪天位、故先拂衣歸周以存宗祀也、所以次前者、明天下並惡、則賢宜遠避、故以微子次陽貨也、○

微子去之。 微子名啓、是殷王帝乙之元子、紂之庶兄也、殷紂暴虐、殘酷百姓、日月滋甚、不從諫爭、微子都國必亡、社稷顛殞、已身元長、宜存係嗣、故先去殷投周、早爲宗廟之計、故云去之、

箕子爲之奴。 箕子者紂之諸父也、時爲父師、是三公之職、屢諫不從、知國必殞、己身非長、不能輒去、職任寄重、又不可死、故佯狂而受囚爲奴、故云爲之奴也、鄭注尚書云、父師者三公也、時箕子爲之奴也、

比干諫而死。 比干亦紂之諸父也、時爲小師、小師是三孤之職也、進非長適、無存宗之去、退是非台輔、不俟佯狂之留、且生難死易、故正言極諫以至割心而死、故云諫而死也、鄭注尚書云、少師者大

師之佐、孤卿也、時比干爲之死也、

馬融曰。微箕二國名也。是殷家畿內采地名也、子爵也。殷家畿外三等之爵、公侯伯也、畿內唯子爵、而箕微二人並食箕微之地、而子爵也、微子紂之庶兄。鄭玄注尚書云、微子與紂同母、當生微子、母猶未正、及生紂時已得正爲紂妻也、故微子大而庶、紂小而嫡也、箕子比干紂之諸父也。二人皆是帝乙之弟也、微子見紂無道。早去之。故尚書云、微子乃告父師小卿曰、王子弗出、我乃顛躋、是遂去敢歸周、後封微子於宋、以爲殷後也、箕子佯狂爲怒。比干以諫而見殺也。故武王勝紂、釋箕子囚、以箕子歸作洪範、而彝倫攸敘、封比干墓、天下悅服也、

孔子曰。殷有三仁焉。孔子評微子箕子比干其迹雖異而同爲仁、故云有三仁焉、所

以然者、仁以憂世忘己身爲用、而此三人事迹雖異、俱是爲憂世民也、然若易地而處、則此三人共互能耳、但若不有去者、則誰保宗祀耶、不有佯狂者、則誰爲親寄耶、不有死者、則誰爲高臣節耶、各盡其所宜、俱爲臣法、於教有益、故稱仁也、

仁者愛人。三人行各異。而同稱仁。以其俱在憂亂寧民也。

柳下惠爲士師。柳下惠典禽也、士師獄官也、惠時爲獄官也、

孔安國曰。士師典獄之官也。

三黜。黜退也、惠爲獄官、無罪而三過被黜退也、**人曰。子未可以去乎。**人或人也、去謂更出國往他邦也、或人見惠無罪而三被退逐、故問之云、子爲何事而未可以去此乎、欲令其去也、

曰。直道而事人。焉往而不三黜。柳答或人云、已所以不去之意也、言時人

世皆邪曲、而我獨用直道、直道事曲、故無罪而三黜耳、若用直事不正、非唯我國見黜、假令至彼、彼國復

曲、則亦當必復見黜、故云、焉往而不三黜也、禽是三黜、故不假去也、故李充曰、舉世喪亂、不容正直、以國

觀國、何往不黜也、**孔安國曰。苟直道以事人。所至之**

國。俱當復三黜也。

枉道而事人。何必去父母之邦。枉曲也、又對或人也、父母邦謂今舊居桑

梓之國也、言我若能捨直爲曲、曲則是地皆合、既往必皆合、亦何必遠離我之舊邦、而更他適耶、故曲直

並不須去也、孫綽云、言以不枉道而求留也、若道而可枉、雖九生不足以易一死、柳下惠之無此心明矣、

故每仕必直、直必不用、所以三黜也、**齊景公待孔子。**孔子往齊、而景公初欲處待孔子共

爲政化也、**曰。若季氏則吾不能。**景公慕聖不篤、初雖欲待、而末又生悔、發此言也、季

氏者魯之上卿也、惣知魯政、專任一國、今景公云、若使我以國政委任孔子、如魯之任季氏、則可不能也、以季孟之間待之。孟者魯之下卿也、不被任用者也、景公言、我不能用孔子如魯處季氏、又不容令之無事如魯之處孟氏也、我當以有事無事之間處之、故云以孟季之間待之也、

孔安國曰。魯三卿。季氏爲上卿。最貴。孟氏爲下卿。不用事。言待之以二者之間也。

曰。吾老矣。不能用也。景公初雖云待之於季孟之間、而末又悔、故自託我老不能復用孔子也、孔子行。孔子聞不能用己、故行去也、江熙云、麟不能爲豺步、鳳不能爲隼擊、夫子所陳必正道也、景公不能用、故託吾老、可合則往、於離則去、聖人無常者也、

以聖道難成。故云老矣不能用也。

論語義疏第九

齊人歸女樂。歸猶餉也、女樂女伎也、齊餉魯定公女伎、致時孔子在魯、齊畏魯强、故餉魯於女樂、欲使孔子去也、季桓子受之。季氏使定公受齊之餉也、三日不朝。桓子既受之、仍與定公奏之、三日廢於朝禮者也、孔子行。既君臣淫樂、故孔子遂行也、江熙云、夫子色斯舉矣、無禮之朝安可以處乎、

孔安國曰。桓子季孫斯也。使定公受齊之女樂。君臣相與觀之。廢朝禮三日也。

楚狂接輿歌而過孔子之門。接輿楚人也、姓陸、名通、字接輿、昭王時、政令無常、乃被髮佯狂不仕、時人謂之爲楚狂也、時孔子過楚、而接輿行歌從孔子邊過、欲感切孔子也、

孔安國曰。接輿楚人也。佯狂而來歌。欲以感切孔

子也。

曰。鳳兮鳳兮。何德之衰也。此接輿歌曲也、知孔子有聖德、故以鳳比、但鳳鳥待聖君乃見、今孔子周行、屢適不合、所以是鳳德之衰也、

孔安國曰。比孔子於鳳鳥也。鳳鳥待聖君而乃見。非孔子周行求合。故曰衰之也。

往者不可諫也。言屢適不合、是已示往事不復可諫、是既往不咎也、

孔安國曰。已往所行。不可復諫止也。

來者猶可追也。來者謂未至之事也、未至事猶可追止、而使莫復周流天下也、

孔安國曰。自今以來。可追自止避亂隱居也。

已而已而。今之從政者殆而。已而者言今世亂已甚也、殆而者言今從政者皆危殆不可復救治之者也、孔安國曰。已而者。世亂已甚不可復治。再言之者。傷之甚也。

孔子下欲與之言。下、下車也、孔子初在車上、聞接輿之歌感切於己、己故下車欲與之共語也、江熙云、言下車明在道聞其言也、趨而避之。不得與之言也。趨疾走也、接輿見孔子下車欲與己言、己故急趨避之、所以令孔子不得與之言也、江熙云、若接輿與夫子對共清言、則非狂也、達其懷於議者、修其狂迹、故疾行而去也、苞氏曰。下下車也。

長沮桀溺。二人皆隱士也、耦而耕。二人既隱山野、故耦而共耕也、孔子過之。

孔子行從沮溺二人所耕之處過也、**使子路問津焉。**津渡水處也、時子路從孔子行、故孔子使子路訪問於沮溺覓渡水津之處也、宛叔曰、欲顯之、故使問也、

鄭玄曰。長沮桀溺隱者也。耜廣五寸。二耜爲耦。耕用耒、是今之鉤鑮、耜是今之鏵、廣五寸、五寸則不成伐、故二人並耕、兩耜並得廣一尺、一尺則成伐也、故云二耜爲耦也、**津濟渡處。**

長沮曰。夫執輿者爲誰乎。子路行問津、先問長沮、長沮不答津處、而先反問子路也、執輿猶執轡也、子路初在車上、即爲御、御者執轡、今即下車而往問津渡、則廢轡與孔子、孔子時執轡、故長沮問子路云、夫在車中執轡者是爲誰子乎、**子路曰。爲孔丘。**子路答云、車中執轡者是孔丘也、然子路問長沮稱師名者、聖師欲令天下而知之也、**曰。是魯孔丘與。**長沮

更定之也、此是魯國孔丘不乎、對曰。是也。答曰、是魯孔丘也、曰。是知津矣。沮聞魯孔丘、故不語津處也、言若是魯之孔子、此人數周流天下、無所不至、必知津處也、無俟我今復告也、

馬融曰。言數周流。自知津處也。

問於桀溺。長沮不答、子路又問桀溺、桀溺曰。子爲誰。又問子路、汝是誰也、曰。爲仲由。子路答言、我是姓仲、名由也、曰。是魯孔丘之徒與。又問言、汝名由、是孔丘之門徒不乎、對曰。然。子路答云是也、曰。滔滔者天下皆是也。而誰以易之。滔滔者猶周流也、天下皆是、謂一切皆惡也、桀溺又云、孔子何事周流者乎、當今天下治亂如一、捨此適彼、定誰可易之者乎、言皆惡也、

孔安國曰。滔滔者周流之貌也。言當今天下治亂

同。空舍此適彼。故曰誰以易之也。

且而與其從避人之士也。豈若從避世之士哉。桀溺又微以此言招子路、使從己隱也、故謂孔子爲避人之士、其自謂己爲避世之士也、言汝今從於避人之士、則豈如從於避世之士也、

士有避人法。有避世之法。長沮桀溺謂孔子爲士從避人之法也。己之爲士則從避世之法者也。若如注意、則非但令子路從己、亦謂孔子從己也、

耰而不輟。耰覆種也、輟止也、二人與子路且語且耕、覆種不止也、覆種者植穀之法、先散後覆、

鄭玄曰。耰覆種也。輟止也。覆種不止不以津處告

也。

子路行以告。子路問二人、二人皆不告、及於借問而覆種不止、故子路備以此事還車上以告孔子也、夫子撫然。撫然猶驚愕也、孔子聞子路告、故愕怪彼不達己意而譏己也、

爲其不達己意而便非己也。

曰。鳥獸不可與同群也。孔子既撫然而又云、隱山林者則鳥獸同群、出世者則與世人爲徒旅、我今應出世、自不得居於山林、故云鳥獸不可與同群也、

孔安國曰。隱居於山林。是與鳥獸同群也。

吾非斯人之徒與而誰與。言必與人爲徒也、亦云我既出世、應與人爲徒旅、故云吾非斯人徒與而誰與、言必與人爲徒也、孔安國曰。吾自當與

此天下人同群。安能去人徒鳥獸居乎。

天下有道。丘不與易也。言凡我道雖不行於天下、天下有道者、而我道皆不至與彼易之、是我道大彼道小故也、孔安國曰。言凡天下有道者。丘皆不與易之。已道大而人小故也。江熙云、易稱天下同歸而殊塗、一致而百慮、君子之道、或出或處、或默或語、所以爲一歸致者、期於內順生徒外惙教旨也、惟此而已乎、凡教或即我以導物、或報彼以明節、以救急疾於當年、而發逸操於沮溺、排披抗言於子路、知非問津之求也、于時風政日昏、彼此無以相易、良所以猶然、斯可已矣、彼故不屑去就、不輟其業、不酬栖栖之問、所以遂節於世而有惙於聖教者存矣、道喪于茲、感以事反、是以夫子憮然曰、鳥獸不可與同群也、明夫理有大師、吾所不獲已也、若欲潔其身韜其蹤、同群鳥獸不可與斯民、則所以

論語義疏第九

居大倫者廢矣、此卽我以致言、不可以乘彼者也、丘不與易、蓋物之有道、故大湯武亦稱夷齊、美管仲而無譏邵忽、今彼有其道、我有其道、不執我以求彼、不係彼以易我、夫可滯哉、沈居士曰、世亂賢者宜隱而全生、聖人宜出以弘物、故自明我道以救大倫、彼之絕迹隱世、實由世亂、我之蒙塵栖遑、亦以道喪、此卽彼與我同患世也、彼實中賢、無道宜隱、不達敎者也、我則至德、宜理大倫、不得已者也、我既不失、彼亦無違、無非可相非、且沮溺是規子路、亦不規夫子、謂子路宜從己、不言仲尼也、自我道不可復與鳥獸同群、宜與人徒、本非言彼也、彼居林野、居然不得不群鳥獸、群鳥獸避世外以爲高行、初不爲鄙也、但我自得耳、以體大居正、宜弘世也、下云天下有道丘不與易也、言天下人自各有道、我不以我道易彼、亦不使彼易我、自各處其宜也、如江熙所云大湯武而亦賢夷齊、美管仲亦不譏召忽也、

子路從而後。孔子與子路同行、孔子先發、子路在後、隨之未得相及、故云從而後也、遇丈人以杖荷篠。遇者不期而會之也、丈人者長宿之稱也、荷擔揚也、篠竹器名、子路在孔子後、未及孔子、而與此丈人相遇、見此丈人以杖擔一器籮簾之屬、故云以杖荷篠也、

苞氏曰。丈人老者也。篠竹器名也。

子路問曰。子見夫子乎。子路既見在後、故借問丈人見夫子不乎、丈人曰。四體不勤。五穀不分。孰爲夫子。四體手足也、勤勤勞也、五穀黍稷之屬也、分播種也、孰誰也、子路既借問丈人、丈人故答子路也、言當今亂世、汝不勤勞四體以播五穀、而周流遠路走、問誰爲汝之夫子、而問我索之乎、袁氏云、其人已委曲識孔子、故譏之、四體不勤不能如禹稷躬植五穀、誰爲夫子、而索耶、

苞氏曰。丈人曰。不勤勞四體。不分

殖五穀。誰爲夫子而索之耶。

植其杖而芸。植竪也、芸除草也、丈人答子路竟、至草田而竪其所荷篠之杖、當掛篠於杖頭而植竪之、竟而芸除田中穢草也、

孔安國曰。植倚也。除草曰芸。杖以爲力、以一手芸草、故云植其杖而芸也、

子路拱而立。拱沓手也、子路未知所以答、故沓手而倚立、以觀丈人之芸也、

未知所答。

止子路宿。子路住倚當久、已至日暮、故丈人留止子路、使停住就己宿也、殺鷄爲黍而食之。子路停宿、故丈人家殺鷄爲臛、作黍飯而食子路也、見其二子焉。丈人知子

路是賢、故又以丈人二兒見於子路也、明日子路行。至明日之旦、子路得行逐孔子也、以告。行及孔子、而具以昨丈人所言及雞黍見子之事、告於孔子道之也、子曰。隱者也。孔子聞子路告丈人之事、故云、此丈人是隱處之士也、使子路反見之。孔子云、丈人既是隱者、而又使子路反還丈人家、須與丈人相見以己事說之也、其事在下文、至則行矣。子路反至丈人家、而丈人已復出行不在也、

孔安國曰。子路反至其家。丈人出行不在也。

子路曰。不仕無義。丈人既不在、而子路留此語以與丈人之二子、令其父還述之也、此以下之言、悉是孔子使子路語丈人之言也、言人不生則已、既生便有三之義、父母之恩、君臣之義、人若仕則職於義、故云不仕無義也、鄭玄曰。留言以語丈人之二

子也。

長幼之節。不可廢也。君臣之義。如之何其可廢也。既有長幼之恩、又有君臣之義、汝知見汝二子、是識長幼之節不可廢闕、而如何廢於君臣之義而不仕乎、

孔安國曰。言女知父子相養不可廢。反可廢君臣之義耶。

欲潔其身而亂大倫。大倫謂君臣之道理也、又言汝不仕濁世、乃是欲自清潔汝身耳、如亂君臣之大倫何也、

苞氏曰。倫道也。理也。

君子之仕也。行其義也。又言君子所以仕者、非貪榮祿富貴、政是欲行大義故也、

道之不行也。已知之矣。爲行義故仕耳、濁世不用我道、而我亦反自知之也、

苞氏曰。言君子之仕。所以行君臣之義也。不自必道得行。孔子道不見用。自已知之也。

逸民。逸民者謂民中節行超逸不拘於世者也、其人在下、伯夷。一人也、叔齊。二人也、虞仲。三人也、夷逸。四人也、朱長。五人也、柳下惠。六人也、小連。七人也、　逸民者節行超逸者也。苞氏曰。此七人皆逸民之賢者也。

子曰。不降其志。不辱其身者。伯夷叔齊與。逸民雖同、而其行事有異、故孔子評之也、夷齊隱居餓死、是不降志也、不仕亂朝、是不辱身也、是心迹俱超逸也、　鄭玄曰。言其直己之心。不入庸君之朝。直己之心、是不降志

也、不入庸君之朝、是不辱身也、

謂柳下惠少連。降志辱身矣。此二人心逸而迹不逸也、並仕魯朝、而柳下惠三黜、則是降志辱身也、言中倫。行中慮。其斯而已矣。雖降志辱身、而言行必中於倫慮、故云其斯已矣、孔安國曰。但能言應倫理。行應思慮。若此而已。張憑云、彼被祿仕者乎、其處朝也、唯言不廢大倫、行不犯色、思慮而已、豈以世務暫嬰其心哉、所以爲逸民、

謂虞仲夷逸。隱居放言。放置也、隱居幽處、廢置世務、世務不須及言之者也矣、

苞氏曰。放置也。置不復言世務也。

身中清。廢中權。身不仕亂朝、是中清潔也、廢事免於世患、是合於權智也、故江熙云、超然

出於埃塵之表、身中清也、晦明以遠害、發動中權也、馬融曰。清潔也。遭世亂。自廢棄以免患。合於權也。

我則異於是。無可無不可。我則退不拘於世、故與物無異、所以是無可無不可也、江熙云、夫迹有相明、教有相資、若數子者、事既不同、而我亦有以異矣、然聖賢致訓、相爲內外、彼協契於往載、我拯溺於此世、不以我異而抑物、不以彼異而通滯、此吾所謂無可無不可者耳、豈以此自目己之所以異哉、我迹之異、蓋著于當時、彼數子者亦不宜各滯於所執矣、故擧其往行而存其會通、將以導夫方類所挹仰乎、

馬融曰。亦不必進。亦不必退。唯義所在也。或問曰、前七人而此唯評於六人、不見朱張何乎、答曰、王弼云、朱張字子弓、荀卿以比孔子、今序六而闕朱張者明趣舍與己合同也、

大師摯適齊。自此以下皆魯之樂人名也、魯君無道、禮樂崩壞、樂人散走所不同也、大師樂師也、名摯、其散逸適往於齊國也、亞飯干適楚。亞次也、飯飡也、干其名也、古天子諸侯飡必奏樂、每食各有樂人、亞飯干是第二飡奏樂人也、其奔逸適於楚國、然周禮大司樂王朔望食乃奏樂、日食不奏也、殷則日奏也、故王制及玉藻皆云然也、

苞氏曰。亞次也。次飯樂師也。摯干皆名也。

三飯繚適蔡。繚名也、第三飡奏樂人、散逸入蔡國也、四飯缺適秦。缺名也、第四飡奏樂人、奔散入秦國也、苞氏曰。三飯四飯樂章名也。各異師繚缺皆名也。

鼓方叔入于河。鼓能擊鼓者也、方叔名也、亦散逸入河內之地居也、

苞氏曰。鼓擊鼓者。方叔名也。入謂居其河內也。

播鼗武入于漢。播猶搖也、鼗鼗鼓也、其人能搖鞉鼓者也、名武、亦散奔入漢水內之地居也、　孔安國曰。播猶搖。武名也。

少師陽擊磬襄入于海。小師名陽、又擊磬人名襄、二人俱散奔入海內居也、

孔安國曰。魯哀公時。禮毀樂崩。樂人皆去。陽襄皆名也。

周公語魯公。周公旦也、魯公周公之子伯禽也、周公欲教之、故云謂魯公也、孫綽云、此是周公顧命魯公所以之辭也、　孔安國曰。魯公周公之子伯禽。封於魯也。

曰。君子不施其親。此周公所命之辭也、施猶易也、言君子之人、不以他人易己之親、是固不失其親也、

孔安國曰。施易也。不以他人親易其親也。孫綽云、不施猶不偏也、謂不惠偏所親、使魯公崇至公也、張憑云、君子於人義之與比、無偏施於親親、然後九族與庸勳並隆、仁心與至公俱著也、

不使大臣怨乎不以。以用也、爲君之道當委用大臣、大臣若怨君不用、則是君之失也、

孔安國曰。以用也。怨不見聽用也。

故舊無大故。則不棄也。故舊朋友也、大故謂惡逆也、朋友之道若無大惡逆之事、則不得相速棄也、

無求備於一人。無具足不責必備、是君子易事之德也、

孔安國曰。大故謂惡逆之事也。

周有八士。舊云、周世有一母、身四乳而生於此八子、八子並賢、故記錄之也、伯達。伯适。仲突。仲忽。叔夜。叔夏。季隨。季騧。侃案師說云、非謂一人四乳、乳猶俱生也、有一母四過生、生輙双二子、四生故八子也、何以知其然、就其名兩兩相隨、似是双生者也、

苞氏曰。周時四乳得八子。皆爲顯士。故記之耳。

論語義疏第九 經一千六百五十字 注一千七百七十八字

論語義疏第九

論語義疏卷第十 子張 堯曰　　梁國子助教吳郡皇侃撰

論語子張第十九　　何晏集解 凡廿四章 凡廿五章

疏 子張者、弟子也、明其君若有難、臣必致死也、所以次前者、既明君惡臣宜拂衣而卽去、若人人皆去則誰爲匡輔、故此次、明若未得去者、必宜致身、故以子張次微子也、○

子張曰。士見危致命。此是第一、此一篇皆是弟子語、無孔子語也、士者知義理之名、是謂升朝之士也、並若見國有危難、必不愛其身、當以死救之、是見危致命也、士既如此、則大夫以上可知也、

孔安國曰。致命不愛其身也。

見得思義。此以下並是士行也、見得得祿也、必不素飡、義然後取、是見得思義也、祭思敬。士始得立廟、守其祭祀、祭神如神在、是祭思敬也、喪思哀。方喪三年、爲君如父母、必窮苴斬、是

喪思哀也、其可已矣。如上四事、爲士如此、則爲可也、江熙云、但言若是則可也、子張曰。執德不弘。信道不篤。焉能爲有。焉能爲亡。弘大也、篤厚也、亡無也、人執德能至弘大、信道必使篤厚、此人於世乃爲可重、若雖執德而不弘、雖信道而不厚、此人於世不爲足可重、如有如無、故云焉能爲有、焉能爲亡也、江熙云、有德不能弘大、信道不務厚至、雖有其懷道德、蔑然不能爲損益也、孔安國曰。言無所輕重也。世無此人、則不此足爲輕、世有此人、亦不足爲重、故云無所輕重之也、二章訖此、是子張語、是第一、

子夏之門人問交於子張。此下是第二、是子夏語、自有十一章、子夏弟子問子張求交友之道也、孔安國曰。問與人交接之道也。

子張曰。子夏云何。子張反問子夏之門人云、汝師何所道、故曰云何也、對曰。子

夏曰。可者與之。其不可者距之。子夏弟子對子張述子夏言也、言子夏云結交之道、若彼人可者則與之交、若彼人不可者則距而不交也、子張曰。異乎吾所聞。子張聞子夏之交與己異、故云異乎吾之所聞也、君子尊賢而容衆。嘉善而矜不能。彼既異我、我故更說我所聞也、言君子取交之法、若見賢者則尊重之、衆來歸我、我則容之、容之中有善者、則嘉而美之、有不善不能者、則務而不責、不得可者與不可者距之、我之大賢與。於人何所不容。更說不宜不可者距之也、則設他人欲與我交、我若是大賢、則他人必與我、故云於人何所不容也、我之不賢與。人將距我。又云、若我設不賢、而我他人必亦距我而不矜也、如之何其距人也。我若矜人、人必矜我、我若距人、人必距我、故云如之何其距人也、

論語義疏第十

苞氏曰。友交當如子夏。既欲與爲友、故宜可者與之不可者距也、汎交當如子張。若德悠悠汎交、則嘉善矜不能也、明二子各一是也、鄭玄曰、子夏所云倫黨之交也、子張所云尊卑之交也、王肅曰、子夏所云敵體交、子張所云覆蓋交也、欒肇曰、聖人體備、賢者或偏、以偏師備、學不能同也、故準其所資而立業焉、猶易云仁者見其仁、智者見其智、寛則得衆而遇濫、偏則寡合而身孤、明各出二子之偏性、亦未能兼弘夫子度也、

子夏曰。雖小道必有可觀者焉。小道謂諸子百家之書也、一往看覽、亦微有片理、故云必有可觀者焉也、小道謂異端也。致遠恐泥。致至也、遠久也、泥謂泥難也、小道雖一往可觀、若持行事、至遠經久、則恐泥難不能通也、苞氏曰。泥難不通也。

是以君子不爲也。爲猶學也、既致遠、必恐泥、故君子之人秉持正典、不學百家也、江熙云、聖人所以訓世軌物者、遠有體趣、故文質可改、而此處無反也、至夫百家競說、非無其理、然家人之規謨、不及於經國、慮止於爲身、無貽厥孫謀、是以君子舍彼取此也、

子夏曰。日知其所亡。此勸人學也、亡無也、謂從來未經所識者也、令人日新其德、日知所未識者、令識錄也、孔安國曰。日知所未聞也。

月無忘其所能。所能、謂已識在心者也、既日日識所未知、又月月無忘其所能、故云識也、可謂好學也已矣。能如上事、故可謂好學者也、然此卽是溫故而知新也、日知其所亡、是知新也、月無忘所能、是溫故也、可謂好學、是謂爲師也、

子夏曰。博學而篤志。亦勸學也、博好也、篤厚也、志識也、言人當廣學經典而深厚識錄之不忘也、

孔安國曰。廣學而厚識之也。

切問而近思。切猶急也、若有所未達之事、宜急諸問取解、故云切問也、近思者、若有所思則宜思己所已學者、故曰近思也、

切問者切問於己所學而未悟之事也。近思者近思於己所能及之事也。汎問所未學。遠思所未達。則於所學者不精。於所思者不解也。

仁在其中矣。能如上事、雖未是仁、而方可能爲仁、故曰仁在其中矣、

子夏曰。百工居肆。以成其事。亦勸學也、先爲設譬、百工者巧師也、言百學全數也、居肆者其居者常所作物器之處也、言百工由日日居其常業之處、則其業乃成也、君子學以致其道。

致至也、君子由學以至於道、如工居肆以成事也、苞氏曰。言百工處其肆。則事成。猶君子學以立其道也。江熙云、亦非生巧也、居肆非則是見廣、見廣而巧成、君子未能體足也、學以廣其思、思廣而道成也、

子夏曰。小人之過也必則文。君子有過、是已誤行、非故爲也、故知之則改、而非小人有過、是知而故爲、故文飾之、不肯言己非也、故繆播云、君子過由不及、不及而失、非心之病、務在改行、故無吝也、其失之理明、然後能之理著、得失既辨、故過可復改也、小人之過生於情僞、故不能不飾、飾則彌張、乃是謂過也、

孔安國曰。文飾其過。不言其情實也。

子夏曰。君子有三變。變者有三、其事但在一時也、望之嚴然。一也、君子

正其衣冠嚴然、人望而畏之也、**即之也溫。**二也、即就也、就近而視則其體溫、溫潤也、而人不憎
之也、袁氏注曰、溫和潤也、**聽其言也厲。**三也、厲嚴正也、雖見其和潤、而出言其嚴正也、所以
前卷云君子溫而厲是也、**鄭玄曰、厲嚴正也。**李充曰、厲清正之謂也、君
子敬以直內、義以方外、辭正體直而德容自然發、人謂之變耳、君子無變也、

子夏曰。君子信而後勞其民。君子謂國君也、國君若能行信、素著、則民知其
非私、故勞役不憚、故云信而後勞役其民也、**未信則以爲厲己也。**厲病也、君若信未素
著、而動役使民、民則怨君行私、而橫見病役於己也、江熙云、君子克厲德也、故民素信之服勞役、故知非
私、信不素立、民動以爲病己而奉其私也、**王肅曰。厲病也。**

信而後諫。此謂臣下也、臣下信若素著、則可諫君、君乃知其措我非虛、故從之也、**未信**

則以爲謗己也。臣若信未素立而忽諫君、君則不信其言、其言其所諫之事、是謗於己也、

江熙云、人非忠誠、相與未能諫也、然投人夜光、鮮不案劍、易貴乎在道、明無素信不可輕致人諫之也、

子夏曰。大德不踰閑。大德上賢以上也、閑猶法也、上德之人、常不踰越於法則也、

孔安國曰。閑猶法也。

小德出入可也。小德中賢以下也、其立德不能恒全、有時暫至、有時不及、故曰出入也、不素其備、故曰可也、

孔安國曰。小德不能不踰法。故曰出入可也。子夏語十一章訖此也、

子游曰。子夏之門人小子。當洒掃應對進退可矣。此下第三子游語、自有二章、門人小子謂子夏之弟子也、子游言子夏諸弟子不能廣學先王之道、唯可洒掃

堂宇、當對賓客、進退威儀之少禮、於此乃則爲可也耳矣、抑末也。本之則無如之何。抑助語也、洒掃以下之事抑但是末事耳、若本事則無如之何也、本謂先王之道、

苞氏曰。言子夏弟子但於當對賓客修威儀禮節之事則可。然此但是人之末事耳。不可無其本也。故云本之則無如之何也。

子夏聞之曰。噫。噫不平之聲也、子夏聞子游鄙己門人、故爲不平之聲也、

孔安國曰。噫心不平之聲也。

言游過矣。既不平之、而又云言游之說實爲過矣也、君子之道。孰先傳孰後倦焉。既云子游之說是過、故更說我所以先教以小事之由也、君子之道謂先王之道也、孰誰

也、言先王大道卽既深且遠、而我知誰先能傳而後能倦懈者耶、故云孰先傳焉、孰後倦焉、既不知誰、故先歷試小事、然後乃教以大道也、張憑云、人性不同也、先習者或早懈、晚學者或後倦、當要功於歲終、不同可以一限也、

苞氏曰。言先傳大業者必厭倦。故我門人先教以小事。後將教以大道也。熊埋云、凡童蒙初學、固宜聞漸日進、階麁入妙、故先且啓之以小事、後將教之以大道也、

譬諸草木區以別矣。言大道與小道殊異、譬如草木異類區別、學者當以次、不可一往學致生厭倦也、

馬融曰。言大道與小道殊異。譬如草木異類區別。言學當以次也。

君子之道。焉可誣也。君子大道既深、故傳學有次、豈可發初使誣罔其儀、而幷學之

乎、馬融曰。君子之道焉可使誣。言我門人但能洒掃而已也。

有始有終者。其唯聖人乎。唯聖人有始有終、學能不倦、故可先學大道耳、自非聖人則不可不先從小起也、張憑云、譬諸草木、或春花而風落、或秋榮而早實、君子道亦有遲速、焉可誣也、唯聖人始終如一、可謂永無先後之異也、

孔安國曰。始終如一。唯聖人耳也。

子夏曰。仕而優則學。亦勸學也、優謂行有餘力也、若仕官治官、官法而已、力有優餘、則更可研學、先王典訓也、

馬融曰。行有餘力。則可以學文也。

學而優則仕。學既無當於立官、立官不得不治、故學業優足則必進仕也、子游曰。喪致乎哀而止。致猶至也、雖喪禮主哀、然孝子不得過哀以滅性、故使各至極哀而止也、

孔安國曰。毀不滅性也。

子游曰。吾友張也爲難能也。張子張也、子游言、吾同志之友有於子張、容貌堂偉、難爲人所能及、故云爲難能也、

苞氏曰。言子張之容儀之難及者也。

然而未仁。袁氏云、子張容貌難及、但未能體仁也、曾子曰。堂堂乎張也。此以下是第四、曾參語、自有四章、堂堂儀容可怜也、難與並爲仁矣。言子張雖容貌堂堂、而仁行淺薄、故云難並爲仁、並竝也、

鄭玄曰。言子張容儀盛。而於仁道薄也。江熙云、堂堂德宇廣也、仁行之極也、難與並仁蔭人上也、然江熙之意、是子張仁勝於人、故難與並也、

曾子曰。吾聞諸夫子。據有所聞仁孔子也、其事在下、人未有自致者也。必也親喪乎。此所聞於孔子之事也、致極也、言人於他行、了可有時不得自極、然及君親喪則必宜自極其哀、故云必也親喪乎也、馬融曰。言人雖未能自致盡於他事。至於親喪。必自致盡也。

曾子曰。吾聞諸夫子。孟莊子之孝也。其他可能也。人子爲孝、皆以愛敬而爲體、而孟莊子爲孝、非唯愛敬、愛敬之外別又有事、故云其他可能也、其不改父之臣與父之政。是難也。此是其他可能之事也、時人有喪三年之內、皆改易

其父平生時臣及於政事、而莊子居喪、父臣父政雖有不善者、而莊子猶不忍改之、能如此者所以是難也、

馬融曰。孟莊子魯大夫仲孫速也。謂在諒陰之中。父臣及父政。雖不善者不忍改之也。

孟氏使陽膚爲士師。孟氏魯下卿也、陽膚曾子之弟子也、士師典獄官也、孟子使陽膚爲己家獄官也、

苞氏曰。陽膚曾子弟子也。士師典獄官也。

問於曾子。曾子曾參也、陽膚將爲獄官、而還問師求其法術也、曾子曰。上失其道。民散久矣。曾子答之使爲法也、言君上若善、則民下不犯罪、故堯舜之民比屋可封、君上若惡、則民下多犯罪、故桀紂之民比屋可誅、當于爾時、君上失道既久、故民下犯罪離散者衆、故云久也、

如得其情則哀矜而勿喜。如猶若也、若得其情、謂責覈得其罪狀也、言汝爲獄官、職之所司、不得不辨覈、雖然若得罪狀、則當哀矜愍念之、愼勿自喜言汝能得人之罪也、所以必須哀矜矜者、民之犯罪非其本懷、政是由從君上故耳、罪既非本、所以宜哀矜也、

馬融曰。民之離散爲輕漂犯法。乃上之所爲也。非民之過也。當哀矜之。勿自喜能得其情也。

子貢曰。紂之不善也。不如是之甚也。此以下是第五子貢語、自有五章、紂者殷家無道君也、無道失國、而後世經是惡事、皆云紂是紂昔所爲、然紂昔者爲惡、實不應頓如此之甚、故云不如是之甚也、是以君臣惡居下流。天下之惡皆歸焉。下流謂爲惡行而處人下者也、言紂不遍爲衆惡、而天下之惡事皆云是紂所爲、故君子立身、惡爲居人

下流、若一居下流、則天下之罪并歸之也、

孔安國曰。紂爲不善以喪天下。後世憎甚之。皆以天下之惡歸之於紂也。蔡謨云、聖人之化由群賢之輔、闇主之亂由衆惡之黨、是以有君無臣、宋襄以敗、衞靈無道、夫奚其喪、言一紂之不善、其亂不得如是之甚、身居下流、天下惡人皆歸之、是故亡也、若如蔡謨意、是天下惡人皆助紂爲惡、故失天下耳、若直置一紂、則不能如甚也、

子貢曰。君子之過也。如日月之蝕也。日月之食、非日月故爲、君子之過、非君子故爲、故云如日月之蝕也、**過也。人皆見之。**日月之食、人並見之、如君子有過不隱、人亦見之也、**更也。人皆仰之。**更改也、日月食罷改闇更明、則天下皆並瞻仰、君子之德

亦不以先過爲累也、孔安國曰。更改也。

衞公孫朝。馬融曰。朝衞大夫也。

問於子貢曰。仲尼焉學。公孫問意故嫌孔子無師、故問云仲尼焉學也、子貢曰。文武之道。未墜於地。子貢答稱仲尼必學也、將答道學、故先廣引道理也、文武之道謂先王之道也、未墜於地謂未廢落在於地也、在人。既未廢落墜地、而在於人所行也、賢者識其大者。不賢者識其小者。既猶在人所行、人有賢否、若大賢者則學識文武之道大者也、不賢者則學識文武之道小者也、莫不有文武之道焉。雖大小有異、而人皆有之、故曰、莫不有文武之道也、夫子焉不學。大人學識大者、孔子是人之大者、豈得獨不學、識之乎、孔安國曰。文武之道未墜落於

地。賢與不賢各有所識。夫子無所不從學也。

而亦何常師之有。言孔子識大、所學者多端、多端故無常師也、

孔安國曰。無所不從學。故無常師也。

叔孫武叔語大夫於朝。武叔身是大夫、又語他大夫於朝廷、以說孔子也、

馬融曰。魯大夫叔孫州仇也。武謚也。

曰。子貢賢於仲尼。此所語之事也、言子貢人身識量賢於孔子也、子服景伯

以告子貢。景伯亦魯大夫、當是于時在朝、聞叔孫之語、故來告子貢道之也、子貢曰。

譬諸宮墻。子貢聞景伯之告、亦不驚距、仍爲之設譬也、言人之器量各有深淺、深者難見、淺者易觀、譬如居家之有宮墻、墻高則非闚闞所測、墻下闚闞易了、故云譬之宮墻也、賜之墻也

及肩。賜子貢名也、子貢自言賜之識量短淺如及肩之墻也、闚見室家之好。墻既及肩、故他人從墻外行、得闚見墻內室家之好也、

夫子之墻數仞。七尺曰仞、言孔子聖量之深如數仞之高墻也、不得其門而入者。不見宗廟之美百官之富。墻既高峻、不可闚闞、唯從門入者乃得見內、若不入門、則不見其所內之美也、然墻短下者、其內止有室家、墻高深者、故廣有容宗廟百官也、得其門者或寡矣。富貴之門非賤者輕入、入者唯富貴人耳、孔子聖人器量之門、非凡鄙可至、至者唯顏子耳、故云得門或寡、寡、少也、

苞氏曰。七尺曰仞也。

夫子云不亦宜乎。子貢呼武叔爲夫子也、賤者不得入富貴之門、愚人不得入聖人之奧室、武叔凡愚云賜賢於孔子、是其不入聖門、而有此言、故是其宜也、袁氏云、武叔凡人、應不達聖也、

苞氏曰。夫子謂武叔也。

叔孫武叔毀仲尼。猶是前之武叔、又訾毀孔子也、子貢曰。無以爲也。子貢聞武叔之言、故抑止之使無以爲訾毀、仲尼不可毀也。又明言語之云、仲尼聖人之不可輕毀也、他人之賢者丘陵也。猶可踰也。更喩之設仲尼不可毀之譬也、言他人賢者、雖有才智、才智之高止如丘陵、丘陵雖高、而人猶得踰越其上、既猶可踰、故不可毀也、仲尼如日月也。無得而踰焉。言仲尼聖知高如日月、日月麗天、豈有人得踰踐者乎、既不可踰、故亦不可毀也、人雖欲自絕也。其何傷於日月乎。世人踰丘陵、而望不下便謂丘陵爲高、未曾踰踐日月、不覺日月之高、既不覺高、故訾毀日月謂便不勝丘陵、是自絕日月也、日月雖得人之見絕、而未曾傷滅其明、故言何傷於日月也、譬凡人見小才智便謂之

高、而不識聖人之奧、故毀絕之、雖復毀絕、亦何傷聖人德乎、**多見其不知量也。**不測聖人德之深而毀絕之、如不知日月之明而棄絕之、若有識之士視覩於汝、則多見汝愚闇不知聖人之度量也、**言人雖欲自絕棄於日月。其何能傷乎。適自見其不知量也。**

陳子禽謂子貢曰。子爲恭也。仲尼豈賢於子乎。此子禽必非陳亢、當是同姓名之子禽也、其見子貢每事稱師、故謂子貢云、汝何每事事崇述仲尼乎、故政當是汝爲人性多恭敬、故爾耳、而仲尼才德豈賢勝於汝乎、呼子貢以爲子也、**子貢曰。君子一言以爲智。一言以爲不智。**子貢聞子禽之言、故方便答距之也、言智與不智由於一言耳、今汝出此言是不智也、**言不可不愼也。**智否既寄由一言、故宜愼之耳、**夫**

子之不可及也。猶天之不可階而升也。此出子禽不知之事也、夫物之高者莫峻嵩岳、嵩岳雖峻、而人猶得爲階梯以升上之也、今孔子聖德其高如天、天人之懸絕、既非人可得階升、而孔子聖德、豈可謂我之賢勝之乎、汝謂不得勝爲勝、即是一言爲不智、故不可不愼也、夫子之得邦家者。子禽當是見孔子栖遑不被時用、故發此不智之言、子貢抑之既竟、故此更廣爲陳孔子聖德不與世人同也、邦謂作諸侯也、家謂作卿大夫也、言孔子若爲時所用、得爲諸侯及卿大夫之日、則其風化與堯舜無殊、故先張本云夫子之得邦家者也、

孔安國曰。謂爲諸侯若卿大夫也。

所謂立之斯立。言夫子若得爲政、則立教無不立、故云所謂立之斯立也、導之斯行。又若導民以德、則民莫不興行也、故云導之斯行也、綏之斯來。綏安也、遠人不服、修文德

安之、遠者莫不繦負而來也、動之斯和。動謂勞役之也、悅以使民、民忘其勞、故役使莫不和穆也、其生也榮。孔子生時、則物皆賴之得性、尊崇於孔子、是其生也榮也、其死也哀。如之何其可及也。孔子之死、則四海遏密如喪考妣、是其死也哀也、袁氏云、生則時物皆榮、死則時物咸哀也、

孔安國曰。綏安也。言孔子爲政。其立教則無不立。導之則莫不興行。安之則遠者至。動之則莫不和穆。故能生則見榮顯。死則見哀痛也。

論語堯曰第二十　何晏集解　凡三章

疏堯曰者古聖天子所言也、其言天下太平禪位與舜之事也、所以次前者、事君之道若宜去者拂衣、宜留者致命、去留當理、事迹無虧、則太平可覩、揖讓如堯、故堯曰最後次子張也、○

堯曰。云堯曰者稱堯之言教也、此篇凡有三章、雖初稱堯曰、而寬通衆聖、故其章內并陳二帝三王之道也、就此一章中凡有五重、自篇首至天祿永終爲第一、是堯命授舜之辭、又下云舜亦以命禹、爲第二、是記者序舜之命禹亦同堯命舜之辭也、又自予小子履至万方有罪在朕躬、爲第三、是湯伐桀告天之辭、又自周有大賚至在予一人、爲第四、是明周武伐紂之文也、又自謹權量至章末、爲第五、明二帝三王雖有揖讓與干戈之異、而安民取治之法則同也、又下次子張問孔子章、明孔子之德同於堯舜諸聖也、上章諸聖所以能安民者、不出尊五美屏四惡、而孔子非不能爲之、而時不値耳、故師資殷勤往反論

之也、下又一章不知命無以爲君子也、此章以明孔子非不能爲、而不爲者知天命故也、

咨爾舜。

自此以下堯命舜以天位之辭也、咨咨嗟也、爾汝也、汝於舜也、舜者諡也、堯名放勳、諡云堯也、舜名重華、諡云舜也、諡法云、翼善傳聖曰堯、仁盛聖明曰舜也、堯將命舜、故先咨嗟歎而命之、故云咨汝舜也、所以歎而命之者、言舜之德美兼合用我命也、

天之歷數在爾躬。

天天位也、歷數謂天位列次也、爾汝也、躬身也、堯命舜云、天位列次、次在汝身、故我今命授與汝也、

歷數謂列次也。

列次者謂五行金木水火土更王之次也、

允執其中。

允信也、執持也、中謂中正之道也、言天位運次既在汝身、則汝宜信執持中正之道也、

四海困窮。

四海謂四方蠻夷戎狄之國也、困極也、窮盡也、若內執中正之道、則德教外被四海、一切服化、莫不極盡、

天祿永終。

永長也、終猶卒竟也、若內正中國、外被四海、則天祚祿位

長卒竟汝身也、執其中則能窮極四海、天祿所以長終也、

苞氏曰、允信也、困極也、永長也、言爲政信執其中、則能窮極四海、天祿所以長終也、

舜亦以命禹、此二重、明舜讓禹也、舜受堯禪在位年老而讓與禹、亦用堯命己之辭以命於禹也、故云、舜亦以命禹也、所以不別爲辭者、明同是揖讓而授也、當云舜曰咨爾禹天之歷數以下之言也、

孔安國曰、舜亦以堯命己之辭命禹也、

曰、予小子履、此第三重、明湯伐桀也、伐與授異、故不因前揖讓之辭也、澆淳既異、揖讓之道不不行、禹受人禪而不禪人、乃傳位與其子孫、至末孫桀無道爲天下苦患、湯有聖德、應天從民、告天而伐之、此以下是其辭也、予我也、小子湯自稱謙也、履湯名、將告天故自稱我小子而又稱名也、敢用

論語義疏第十

玄牡。敢果也、玄黑也、牡雄也、夏尚黑、爾時湯猶未改夏色、故猶用黑牡、以告天、故云果敢用於玄牡也、敢昭告于皇皇后帝。昭明也、皇大也、后君也、帝天帝也、用玄牡告天而云敢明告于大大君天帝也、孔安國曰。履殷湯名也。此伐桀告天文也。殷家尚白。未變夏禮。故用玄牡也。皇大也。后君也。大大君帝謂天帝也。墨子引湯誓其辭若此也。此伐桀告天辭、是墨子之書所言也、然易說云湯名乙、而此言名履者、白虎通云、本湯名履、尅夏以後、欲從殷家生子以日爲名、故改履名乙、乙以爲殷家法也、

有罪不敢赦。湯既應天、天不赦罪、故凡有罪者則湯亦不敢擅赦也、苞氏曰。從天奉法。有罪者不敢擅赦也。

帝臣不蔽。簡在帝心。此明有罪之人也、帝臣謂桀也、桀是天子、天子事天、猶臣事君、故謂桀爲帝臣也、不蔽者言桀罪顯著、天地共知、不可陰蔽也、

言桀居帝臣之位也。有罪過不可隱蔽。已簡在天心也。

朕躬有罪。無以萬方。朕我也、万方猶天下也、湯言我自有罪、則我自在當之、不敢關預天下万方也、萬方有罪。在朕躬。若万方百姓有罪、則由我身也、我爲民主、我欲善而民善、故有罪則歸責於我也、

孔安國曰。無以萬方。萬方不預也。萬方有罪我過也。

周有大賚。善人是富。此第四重、明周家法也、此以下是周伐紂誓民之辭也、舜與堯

同是揖讓、謙共用一辭、武與湯同是干戈、故不爲別告天之文、即用湯之告天文也、而此述周誓民之文、而不述湯誓民文者、尚書亦有湯誓也、今記者欲互以相明、故下舉周誓、則湯其可知也、周周家也、賚賜也、言周家受天大賜、故富足於善人也、或云周家大賜財帛於天下之善人、善人故是富也、

周周家也。賚賜也。言周家受天大賜。富於善人也。

有亂臣十人是也。此如前通也、

雖有周親。不如仁人。言雖與周有親、而不爲善、則被罪黜、不如雖無親而仁者必有祿爵也、

孔安國曰。親而不賢不忠。則誅之。管蔡是也。仁人箕子微子來。則用之也。管蔡謂周公之弟管叔蔡叔也、流言作亂、周公誅之、是有親而不仁、所以被誅也、箕子是紂叔父、爲紂囚奴、武王誅紂、而釋箕子囚、

用爲官爵、使之行商容、微子是紂庶兄也、見紂惡而先投周、武王用之爲殷後於宋、並是仁人、於周無親、而周用之也、

百姓有過。在予一人。此武王引咎自責辭也、江熙云、自此以上至大賚、周告天之文也、自此以下所脩之政也、禪者有命無告、舜之命禹一準於堯、周告天文少異、於殷所異者如此、存其體不錄備也、侃案湯伐桀辭皆云天、故知是告天也、周伐紂文、句句稱人、故知是誓人也、

謹權量。此以下第五重、明二帝三王所脩之政同也、不爲國則已、既爲便當然也、謹猶愼也、權稱也、量斗斛也、當謹愼於稱尺斗斛也、**審法度。**審猶諦也、法度謂可治國之制典也、宜審諦分明之也、**脩廢官。**治故曰脩、若舊官有廢者則更脩立之也、**四方之政行矣。**自謹權若皆得法、則四方風政並服行也、

苞氏曰。權稱也。量斗斛也。

論語義疏第十

興滅國。若有國爲前人非理而滅之者、新王當更爲興起之也、繼絕世。若賢人之世被絕不祀者、當爲立後係之、使得仍享祀也、擧逸民。若民中有才行超逸不仕者、則躬擧之於朝廷爲官爵也、天下之民歸心焉。既能興繼擧逸、故爲天下之民皆歸心、繦負而至也、所重。民。食。喪。祭。此四事並又治天下所宜重者也、國以民爲本、故重民爲先也、民以食爲活、故次重食也、有生必有死、故次重於喪也、喪畢爲之宗廟、以鬼享之、故次重祭也、

孔安國曰。重民國之本也。重食民之命也。重喪所以盡哀。重祭所以致敬也。

寬則得衆。爲君上若能寬、則衆所共歸、故云得衆也、敏則有功。君行事若儀用敏疾、則功大易成、故云有功也、公則民悅。君若爲事公平、則百姓皆歡悅也、

孔安國曰。言政教公平則民悅矣。凡此二帝三王所以治也。故傳以示後世也。

子張問政於孔子曰。何如斯可以從政矣。此章第二、明孔子同於堯舜諸聖之尊也、子張問於孔子求爲政之法也、子曰。尊五美。尊崇重也、孔子答曰、若欲從政當崇尊於五事之美者也、屛四惡。屛除也、又除於四事之惡者也、斯可以從政矣。若尊五除四、則此可以從政也、孔安國曰。屛除也。

子張曰。何謂五美也。子張曰、何謂五美也、子張幷不曉五美四惡、未敢幷問、今且分諮五美、故云何謂五美也、子曰。君子惠而不費。歷答於五、此其一也、言爲政之道能令民下荷潤惠而我無所費損、故云惠而不費也、勞而不怨。二也、君使民勞苦、而民甘心無

論語義疏第十

怨、故云勞而不怨也、欲而不貪。三也、君能遂己所欲、而非貪吝也、泰而不驕。四也、君能恒寬泰、而不驕傲也、威而不猛。五也、君能有威嚴、而不猛厲傷物也、子張曰。何謂惠而不費。子張亦幷未曉五事、故且先從第一而更諮也、子曰因民之所利而利之。斯不亦惠而不費乎。答之也、因民所利而利之、謂民水居者利在魚鹽蜃蛤、山居者利於果實材木、明君為政即而安之、不使水者居山、渚者居中原、是因民所利而利之、而於君無所損費也、王肅曰。利民在政。無費於財也。擇其可勞而勞之。又誰怨。孔子知子張並疑、故幷歷答也、言凡使民之法、各有等差、擇其可應勞役者而勞役之、則民各服其勞而不敢怨也、欲仁而得仁。又焉貪。欲有多塗、有欲財色之欲、有欲仁義之欲、欲仁義者為廉、欲財色者為貪、言人君當欲於仁義、使仁義事

顯、不爲欲財色之貪、故云欲仁而得仁、又焉貪也、江熙云、我欲仁則仁至、非貪也、**君子無衆寡。**言不以我富財之衆而陵彼之寡少也、**無小大。**又不得以我貴勢之大加彼之小也、**無敢慢。**我雖衆大而愈敬寡少、故無所敢慢也、

孔安國曰。言君子不以寡少而慢之也。

斯不亦泰而不驕乎。能衆能大、是我之泰、不敢慢於寡少、是不驕也、故云泰而不驕也、殷仲堪云、君子處心以虛、接物以爲敬、不以衆寡異情、大小改意、無所敢慢、斯不驕也、**君子正其衣冠。**衣無撥、冠無免也、**尊其瞻視。**視瞻無回也、**儼然。**若思以爲容也、**人望而畏之。**望之儼然、卽之也溫、聽其言也厲、故服而畏之也、**斯不亦威而不猛乎。**望而畏之、是其威也、卽之也溫、是不猛也、**子張曰。何謂四惡。**已聞五美、故次

更諮、四惡也、**子曰。不教而殺。謂之虐。**一惡也、爲政之道、必先施教、教若不從、然後乃殺、若不先行教而即用殺、則是酷虐之君也、**不戒視成。謂之暴。**二惡也、爲君上見民不善、當宿戒語之、戒若不從、然後可責、若不先戒勗、而急卒就責目前、視之取成、此是風化無漸、故爲暴卒之君也、暴淺於虐也、**馬融曰。不宿戒而責目前成。爲視成也。**責目前之成、故謂之視成也、**慢令致期。謂之賊。**三惡也、與民無信而虛期、期不申勑丁寧、是慢令致期也、期若不至而行誅罰、此賊害之君也、袁氏云、令之不明而急期之也、**孔安國曰。與民無信而虛剋期也。**

猶之與人也。四惡也、猶之與人謂以物獻與彼人、必不得止者也、**出內之吝。**吝難

惜之也、猶會應與人而其吝惜於出入也、故云出內之吝也、**謂之有司。**有司謂主典物者也、猶庫吏之屬也、庫吏雖有官物而不得自由、故物應出入庫者、必有所諮問不敢擅易、人君若物與人而吝、即與庫吏無異、故云謂之有司也、

孔安國曰。謂財物也。俱當與人。而吝嗇於出內。惜難之。此有司之任耳。非人君之道也。

孔子曰。不知命無以爲君子也。此章第三、明若不知命無以爲君子、所以更明孔子知命、故不爲政也、命謂窮通夭壽也、人生而有命、受之由天、故不可不知也、若不知而強求、則不成爲君子之德、故云無以爲君子也、

孔安國曰。命謂窮達之分也。窮謂貧賤、達謂富貴、並稟之於天、如天之見命爲之者也、

不知禮無以立也。禮主恭儉莊敬、爲立身之本、人若不知禮者、無以得立其身於世也、故禮運云、得之者生、失之者死、詩云、人而無禮、不死何俟、是也、不知言無以知人也。江熙云、不知言則不能賞言、不能賞言則不能量彼、猶短綆不可測於深井、故無以知人、

馬融曰。聽言則別其是非也。

論語義疏第十　經一千二百二十三字　注一千一百七十五字

吉田鋭雄校字

梁皇氏論語義疏。彼土亡佚已久。其流傳我國者。迭經儒釋傳鈔。今猶儼存六朝舊帙面目。洵爲經籍至寶。寬延中根本伯修校足利學校藏舊鈔本而刻之。清儒汪翼滄以乾隆間來載一本歸。鮑以文收刻於知不足齋叢書中。彼土學士獲復見此書。第伯修倣邢昺疏例。多所臆改。清儒或疑爲贋鼎。識者憾焉。大正壬戌正值孔子卒後二千四百歲。懷德堂記念會以十月八日設位堂上。恭修釋菜之禮。又欲校刻善本。以志教澤而裨補斯文。諮諸本會顧問狩野內藤兩博士。二君胥勸校刻論語義疏。且曰。是書足利本外。多有舊鈔善本。倘得集覽校讐。則所益

必大且因改宋疏之體以復六朝之舊不亦善乎預堂事者皆贊其議屬講師武内誼卿以校勘之事誼卿乃搜訪祕府野黌之儲與名家之藏參稽對校於皇朝鈔本之源流與六朝舊疏之體裁多所闡發凡九閲月成坿以校勘記一卷從業勤而成功速非以誼卿之才學與其精力烏能至于此蓋伯修所覩舊鈔本止一種誼卿所校則踰六七種其訂舊文之譌誤糾章句之繆亂者不止二三而伯修之臆改變亂者再復其舊學者可莫復容疑則豈啻皇氏忠臣可謂爲斯文增一寶典矣予承乏教授與誼卿講習有年今親睹校訂之勤勞及書成忘譾陋而

叙緣起云爾。

大正癸亥四月懷德堂教授松山直藏譔

論語義疏　一

梁皇侃論語義疏十卷。宋國史志中興書目晁公武讀書志尤袤遂初堂書目竝著錄。蓋南宋初彼土未佚。朱子與尤袤友善。則亦或見之。中興書目云。侃以何晏集解去取爲疏十卷。又列晉衞瓘繆播欒肇郭象蔡謨袁宏江淳蔡系李充孫綽周瓌范寧王眠等十三家爵里於前云。是江熙所集。其解釋於何集無妨者。亦引取爲說。以示廣聞。宋國史志云。侃疏雖時有鄙近。然博極群言。補諸書之未至。爲後學所宗。讀書志云。世謂其引事雖時有詭異。而援證精博。爲後

論語義疏校勘記

學所宗。皇朝邢昺等撰正義。因皇侃所採集諸儒之說。刋定而成書。朱子論語要義序又云。邢昺等取皇侃疏。約而修之。以爲正義。今取皇邢朱三家書而讀之。邢氏剪皇疏之詭異。稍附以義理。而朱注則變本加厲。義理之辨彌精。而援證之博不及於古。蓋邢疏出而皇疏廢。朱注行而邢疏又廢。皇疏亦以此時而亡。是以陳振孫解題不錄此書。而乾淳以後。學者無復稱引之矣。可見古書亡佚賴於學術遷移。不特兵火風霜爲其厄也。清興。經學昌明。鴻儒碩匠。接踵倔

起。務紹漢唐墜緒。捃摭佚書。斷爛靡遺。然而余仲林古經解鈎沈所獲皇疏廑六事。所謂博極群言。補諸書之未至者。不可得見矣。我國自王仁獻書。尊崇周孔。博士世業。傳經不絕。兵火之禍。亦未有如彼之慘虐者。是以古書之佚彼而存於此者。爲類不少。而皇疏居其一。寬延中。根本伯脩得足利學所藏舊鈔本。校刻皇疏十卷。清商汪翼滄購歸一本。以獻遺書局。著錄四庫。旋經翻刻。及鮑氏刊入知不足齋叢書。流布更廣。士子皆得窺漢晉諸儒論語之學。伯脩稽古

論語義疏校勘記

之功偉矣。然其所刊。妄更體式。以就今本。訂譌之際。亦不免師心改竄。彼土學者。恠其與釋文所引皇本不合。又斥爲非六朝義疏之體。議論紛紛。後人有懷疑未釋者。頃者懷德堂記念會。欲校印此書以存舊式。余不自揣。謬任校讎之役。乃遍觀秘府野釁之藏。周搜世家名刹之儲。參稽各本。以定是非。又條擧異同。附之卷尾。後之讀皇疏者。庶幾有所考信焉。大正十二年三月。懷德堂講師武內義雄記。

條例

余所見舊鈔皇疏凡十種。曰寶德本。凡五冊、其第一第四二冊、寶德三年西榮鈔寫、每半葉十行、行二十五字、疏双行、其第二第三第五三冊、則後人所補、舊藏武州川越新井氏、今歸德富蘇峰君、**曰文明本。**凡五冊、每半葉六行、行二十字、疏双行、文明九年鴈聲鈔寫、舊西本願寺寫字臺藏書、見存龍谷大學圖書館、**曰延德本。**舊凡十冊、今佚第十、每半葉八行、行二十字、疏双行、每冊首有興正寺公用長方印記、第三冊末記有延德貳年冬十二月廿九日十一字、久原文庫、所藏、**曰清熙園本。**凡五冊、每半葉九行、行二十四字、疏双行、筆墨輕妙、首末完好、蓋現存皇疏中尤精善者、惜年紀無可考、尼崎大物阪本清熙園所藏、**曰足利本。**凡十冊、每半葉九行、行二十字、疏双行、卷首佚皇侃自序、審其紙墨、蓋大永天文間所鈔、每冊首有足利學校

轟文庫二印記、見存足利遺迹圖書館、**曰久原文庫本**。舊凡十一册、今佚子罕鄉黨二篇、每半葉九行、行二十字、疏双行、欄眉有標注、間引朱注、卷首又有論語發題、及論語圖、與皇侃自序何晏序說合訂爲一册、皇序寫作小字双行、其例與疏文同、考其紙墨、蓋天文中所鈔、**曰圖書寮本**。凡五册、每半葉九行、行二十字、疏双行、欄眉有標注、與久原本同、但闕皇侃自序、及何晏序說、疑原有卷首一册、後佚之、考其書體、蓋天文中所鈔、**曰桃華齋本**。凡五册、舊佚第一册、今以別本補之、而仍闕皇侃自序及何晏序說、補本體式文字、與圖書寮本同、第二册以下四册則稍不同、每半葉九行、行二十字、疏双行、欄眉有標注、考其書體、蓋室町季世之物、每册首有北固山西源禪院多福文庫三印記、故富岡桃華先生所藏、**曰泊園書院本**。凡十册、每半葉九行、行二十六字、疏双行、卷首有論語發題、寫作双行、其例與久原本同、而唯無標注耳、審其筆勢、蓋慶元以後所鈔、藏大阪藤澤

氏泊園書院、曰久原文庫一本。凡五冊、每半葉九行、行二十字、疏双行、卷首錄皇侃傳、注文上每條必冠注字、方格圍之、考文字異同、其第一二三八近於文明本、第四五六九十則與久原本相似、蓋合舊鈔本二種而爲一者、審其紙墨、亦似慶元以後所鈔、曰有不爲齋本。凡五冊、每半葉九行、行二十三字、疏双行、所舉注家、唯錄姓、不錄名、疑倣邢疏體者、其經注異同、則與文明本相似、考其書體、蓋亦慶元以後之物、舊藏伊藤氏有不爲齋、今託存大阪圖書館、　以上十種外、東京大槻氏藏二種、尾張德川侯爵、加賀前田侯爵、京都帝國大學、東京木村氏、內野氏、戶水氏、林氏、各藏一種而余未見、諸本首末完好。年紀可得而詳者。以文明本爲最古。今依據爲底本。取各本而校之。

經籍訪古志所載舊鈔皇疏凡五種。曰求古樓本。舊吉

論語義疏校勘記

田篁墩所藏、後歸狩谷氏求古樓、曰容安書院本。市野迷庵所藏、曰弘前星野本。曰九折堂本。曰足利學本。除足利學本外四種。今皆不詳存佚。然據吉田篁墩論語攷異市野迷菴正平板論語札記所引皇本。容安書院求古樓二本經注異同。大略可攷。其足資考鏡者。今又援引。凡校勘記中稱篁墩本迷菴本者卽是。

我國前人所講述論語聽塵及湖月抄二書。在距今四百年前。其稱引皇疏。亦足訂現存諸本之譌。今因援證。

凡底本所用異字俗字。今習用者。略存其舊。罕用者。改爲正字。不欲徒苦手民也。

凡底本脫字誤字。易於識別者。依據他本補正。有疑義。則仍其舊。表明之校勘記。

凡疏文中羼入旁記文字者。不敢刪削。唯施括號。而辨證之校勘記。

凡校勘記中標經文。每條必頂格。注文則低一格。疏文則低二格。

根本伯脩所刊皇疏體式。全同閩監毛邢疏本。與舊

鈔本迥異。今所校印。依據舊鈔本體式。不妄更改。但皇疏末所錄邢疏。則後人所增。案經籍訪古志云、弘前星野本皇疏、八佾篇射不主皮章、馬注射有五善下、及以熊虎豹皮作之下、所引邢疏上、並冠裏云二字、余所見久原文庫一本亦同、蓋諸本所錄邢疏在舊卷子本紙背、後人改寫爲冊本之時、附之皇疏末也、今皆刪削。凡刪削邢疏處。每加一圈。以示舊式。

早稻田大學藏有六朝鈔禮記子本疏義卷子殘卷。未審撰人名氏。然書中所疏。與孔氏正義所引皇侃義相符。而每段疏末。往往見灼案灼謂等語。考陳書儒林傳云。鄭灼字茂昭。少受業于皇侃。尤明三禮。家

貧。抄義疏。以夜繼日。筆毫盡。每削用之。則知此卷是鄭灼所鈔其師義疏。而灼案諸條。灼鈔時所增也。此卷體式。每段先全舉經文而疏釋之。次空一格。以及注文。其例同於經文。經注與疏文。字大小同。而疏文亦單行。蓋六朝義疏體固如此。論語皇疏原式。想當與此卷同。現存諸本。大寫經注。而疏則小字雙行者。後人所改。惜諸本無一出于五百年前者。不能據爲實證耳。

諸本既失其原式。疏之譌踳。固不須言。而經注異同。

亦難歸一。約而言之。文明本近於正平刻集解本。清熙園本近於古鈔集解本。我國現存古鈔集解本、以正和本爲最古、此本据仁治三年明經博士清原某手鈔本所轉鈔、今存雲村文庫、秘府又藏嘉曆鈔集解本、審其所跋尾、亦與正和本同其來歷、又有舊津藩侯有造館所刻古本論語、蓋以其其所儲古鈔本爲底本、今校以正和本、字字吻合、則知此本所出、其源亦同、凡記中所稱古鈔集解本、則用有造館本也、久原本與永祿鈔集解本相似。永祿本亦存雲村文庫、余嘗一見、然今所引則篁墩論語攷異所出、非据原本也、蓋前人改寫爲今式者。據流俗集解本所校改。此外諸本。疑亦別有所依据。唯未能質言耳。

清儒爲皇疏成專書者。桂子白有考證。吳槎客有參

訂。惜余未得參稽也。

論語義疏校勘記

論語義疏校勘記

懷德堂講師武內義雄撰

論語義疏第一　梁國子助教皇侃撰

諸鈔本標題如此、根本本首行題云論語義敘、第二行題云梁皇侃撰、第三行題云日本根本遜志校、蓋伯脩所改、非皇疏舊裁、

徂背　文明本徂作但、誤、今據他本改正、

詩書互錯綜　文明本書下無互字、恐非、今據他本補正、

大判　文明本清熙園本大作太、誤、今據延德本久原本改正、

倫理也　文明本清熙園本理上衍事字、今據延德本久原本削正、

論語義疏校勘記

倫者綸也　文明本清熙園本倫作論、誤、今據延德本久原本改正、

記必已論　久原本已作先、

已備有圓周之理　諸鈔本已下有以字、根本本亦同、唯寶德本無、按無以字者義長、今據刪正、

此書亦遭焚燼　根本本書下脫亦字、

以鄉黨爲第二篇　文明本爲下衍篇字、今刪正、

夏侯建　文明本清熙園本建作逮、誤、今改正、

何晏所集者也　又　寶德本久原本泊園本並無又字、文明本清熙園本也又二字間空二三格、

蔡系 文明本清熙園本系誤作糸、今據他本改正、按隋志所引梁錄、有蔡系論語釋一卷、亦作系、

王珉字季琰 久原本琰作換、旁注異本或作琰、或作瑍、或瑛、按異本作瑛與根本本合、作琰與文明本清熙園本延德本合、攷晉書王珉傳及初學記所引王珉別傳、則作季琰者是、

於何集無妨者 根本本妨誤作好、諸鈔本俱作妨、玉海四十一引中興書目云、梁皇侃以何集去取爲疏十卷、又列晉衞瓘等十三人爵里於前云、此十三家是江熙所集、其解釋於何集無妨者引取以廣異聞、按書目所依皇疏亦作妨、

澹臺滅明 文明本清熙園本延德本並澹作儋、久原本作瞻、蓋傳寫異文、根本本作澹、與史記家語合、今據訂正、

論語義疏校勘記

論語序 諸鈔本標題如此、根本本作論語集解敘、按經典釋文唐石經古鈔集解本標題與諸鈔本同、蓋何晏等原式如此、皇疏尚仍其舊、根本本則伯脩所妄改、今據訂正、又按文明本清熙園本久原本標題下有何晏集解四字、延德本本無、

叙曰漢中壘 諸鈔本此下注双行二十六字、根本本獨無、按此條與下文不合、疑舊人旁記誤入疏中者、湖月論語抄引皇疏、每條冠以疏曰二字、唯此條則否、亦足以容疑、今姑仍其舊不妄刪削、

劉向者劉德之孫劉歆之子 諸鈔本並如此、疑孫當作子、子當作父、根本本作劉向者辟彊之孫劉德之子、蓋依邢疏所校改、非足利本之舊、又按、劉向已下至其人博覽經史三十七字、當在大字劉向下言字上、

又曰 何晏序下疏中稱又曰云云者凡十餘事、根本皆從刪略、按又曰字上舊鈔本或空一格、或不用空格、其例與皇疏中采竄邪疏者同、伯脩刪削不爲無所見、然考其所竄義多與皇疏自序吻合、且湖月論語抄亦稱引以爲皇疏、則未可遽斷爲後人竄入、今姑仍其舊、

龔奮也 舊鈔本龔奮或作龔旧、或作龍共旧三字、按龍共龔字誤爲二字者、旧舊字省體、舊奮形相近、故龔奮訛爲龔舊、又誤爲龔旧、龍共旧也、也字疑之字之訛、奮下之上恐脫等傳二字、

瑯琊 邪本作琅邪、釋文出琅字云、音郎、本或作瑯、皇疏舊鈔本經皆作瑯琊、與釋文所引一本及古鈔集解本正平刻集解本同、疏則文明本清熙園本並作郎邪、疑皇侃原本經疏並作郎邪、現存諸本經作瑯琊者、蓋據古鈔集解本正平刻集解本所校改、經疏並作瑯琊者、後人就所改

論語義疏校勘記

經文又改疏文也、

其微子篇 文明本清熙園本其上有昔字、延德本足利本無、按昔其字形相似、故舊本其字或誤作昔、至後人校改旁記其字、而鈔手轉寫併所校改而存之、故致有此誤也、

山梁雌雉時哉 鄉黨篇釋文出時哉云、本作時哉時哉、今所引與釋文合、

子路供之 文明本供之作拱子、清熙園本足利本作拱也、延德本作拱之、久原本作供之、今據久原本改正、

三臭而立作 鄉黨篇無立字、按皇侃原本此條亦當作三臭而作、立作義同、故後人作字之旁記立字以解之、鈔手無識兩存之也、

苞氏 邢本苞作包、阮氏校勘記云、皇本作苞、非也、今按本邦舊本包皆作苞、五經文字云、苞經典借

爲包裹字、則苞包二字古相通也、

義說者解其義久原本足利本句末有之也二字、按文明本此下疑脫也字、久原本則衍之字、蓋舊本也字或誤作之、後人旁記也字以改、抄手兩存之、遂衍之字也、

此平叔用意也文明本用誤作同、今據延德本足利本改正、

鄭仲邢本仲作沖、古鈔集解本作沖、皇疏諸本並作仲、

曹義邢本古鈔集解本正平刻集解本並義作羲、

領軍世上書之官長也世上或作上世、

何晏孔安國乃至義下己意思文明本下作朩、延德本作示、按下字朩字並下字之訛、何晏下孔安國上、疑脫集字、釋文云、何晏集孔安國乃至周生烈、幷下己意、

論語義疏校勘記

義與此文同、

論語義疏卷第一學而爲政　梁國子助教吳郡皇侃撰

文明本每卷首大題下注卷中篇名、唯此卷學而爲政四字在首小題下、今據他卷例改正、延德本每卷首有大題、小題次之、此卷獨闕大題、清熙園本則首大小題俱存、而無學而爲政四字、梁國子助教吳郡皇侃撰十字、久原本桃華齋本作何晏集解皇侃撰七字、延德本清熙園本大題下無撰人氏名、按雲邨文庫所藏正和鈔集解本、祕府所藏嘉曆鈔集解本、每卷首題論語卷第幾、次行題篇名篇第、篇名上冠論語二字、首行比次行字體稍小、而首行題下有記云、摺本有此題目而篇名上無論語兩字、則知每卷首行者後人依刻本所增、非卷子本原式、考舊

津藩侯所藏古本論語、每卷首唯題篇名篇第、其例與正和本次行同、蓋卷子之制外題大名

故內則從省略也、想皇疏原式亦固如此、後人改寫爲册本時、取外題錄之卷首、而鈔手不一、

故諸本款式難歸一耳、

論語學而第一

久原本每篇名上無論語二字、文明本學而爲政里仁雍也述而泰伯子

罕鄉黨堯曰十篇皆篇名上有論語兩字、他篇則無、蓋皇疏原式卷首無大題、故每小題上冠

以論語兩字、及後人改寫增大題而遂去之、故諸篇小題之次大題者、特無此兩字也、

何晏集解

凡十六章

清熙園本久原本每小題下無何晏集解凡何章字、文明本每篇並有、但先進已下各篇錄之

小題下疏後、八佾篇則闕何晏集解四字、凡二十六章五字在大題下撰人名之右、而每篇所

論語義疏校勘記

注章數、全同正平刻集解本、疑文明本集解人氏名及章數則後人依正平板所增、非皇疏舊式、

疏 清熙園本久原本疏字在小題下、文明本延德本則別行跳格、按此式後人倣邢疏而所改、皇疏原式當先題論語學而第一義疏八字、其下空數格、次題梁國子助教吳郡皇侃撰十字、

使自覺也 根本本也作而、

凡學有三時云云 此條與邢疏所引文稍不同、

馬融曰 注人氏名皇疏諸本皆兼擧姓名、獨有不爲齋本錄姓不錄名、其例與邢疏本同、按何晏序云、集諸家之善、記其姓名、皇疏亦云、凡孔馬鄭陳王周諸人皆稱名、惟苞咸作苞氏、不名、則知兼擧姓名者、確是何皇原式、有不爲齋本則由轉寫從省而誤也、

苞氏曰同門曰朋也　文選古詩十九首注引之、以爲鄭注、

爲君者亦然也　桃華齋本根本本君下有子字、恐非、

好犯上者鮮矣　邱光庭兼明書云、皇侃曰、犯上謂犯顔而諫、言孝悌之人必不犯顔而諫、

按邱光庭所引義與今本合、而文則異、疑邱氏唯取其義而稍變文耳、

彌論敎體也　根本本彌作稱、恐誤、

未之有也　文明本句末無也字、諸本並有、今據補正、

故諸衆德悉爲廣大也　文明本旁注異本無衆字、桃華齋本久原本與

文明本同、清熙園本延德本與異本同、今按衆字衍、

其爲仁之本與　文明本仁下無之字、諸本並有、今據補正、古鈔集解本正平板並仁上無

論語義疏校勘記

爲字、皇疏諸本並有、永祿鈔集解本邢疏本同、按此下疏但云、孝是仁之本、若以孝爲本則仁乃生也、而泰伯篇君子篤於親章下疏引此句、亦無爲字、疑皇氏原本亦無爲字、

苞氏曰先能事父兄然後仁可成也　延德本旁注異本此注上無苞氏曰三字、按皇疏諸本並有此三字、古鈔本集解本正平板、則無、疑延德本旁注所謂異本即集解本、非皇疏本、久原本桃華齋本篁墩本並仁下有道字、

令色無質　文明本質上有色字、恐衍、今據他本刪正、

忠中也　根本本中下有心字、文明本無、按周禮大司樂鄭注、中猶忠也、中忠古相通、然皇疏下文云、爲他人圖謀事當盡我中心也、里仁篇疏又云、忠謂盡中心也、則根本本有心字、於義爲優、今姑仍其舊、

與明友交言而不信乎邢本交下無言字、皇本有、古鈔集解本正平板同、太宰春臺曰、皇本有言字與後章子夏之言同句法是也、今按皇疏文云、朋友交合本主在於信、豈可與人交而不爲信乎、則皇侃所據經文亦當與邢本同、今本有言字後人所校補、

朋友交合文明本旁注、合異本作會、清熙園本久原本與文明本同、延德本桃華齋本本與異本同、玩其文義作交合者是、

凡人可不爲此三事乎延德本不作無、文明本不下有故字、旁注異本無故字、久原本桃華齋本與異本同、今據刪正、

古人言故必稱師也文明本久原本故作以、根本本以字在古人上、言下無故字、今據延德本改正、

論語義疏校勘記

司馬蘘荁史記蘘作穰、

水流畝畝然文明本延德本水流作流流、根本本作水流、水上衍一流字、今據久
原本桃華齋本删正、

此一通使出一乘諸本乘下有今字、文明本無、

則善延德本清熙園本久原本根本本並善下有也字、

固弊也根本本弊作蔽、邢本同、吉田篁墩云、本邦舊鈔本集解諸本皆作弊、今按皇本注文疏
文並作弊、與舊鈔集解本同、

禽問子貢禽疑當作亢、子貢答禽之禽字亦同、下文云亢又問言云云、是即其證、

鄭玄曰子禽弟子陳亢也吉田篁墩云、皇疏本永祿鈔集解本陳亢也下

有字子禽也四字、名賜下又有字子貢也四字、今按古鈔集解本正平板並唯有字子貢也四字、無字子禽也四字、

求而得之耶　文明本旁注異本耶作歟、久原本與異本同、

鄭玄曰言夫子行此五得　文明本旁注異本得作德、久原本桃華齋本延德本根本本並與異本同、

若卿大夫之惡　文明本旁注異本惡上有政字、清熙園本與文明本同、久原本桃華齋本與異本同、根本本惡上有心字、疑正字之譌、正政古通、

言可復也　文明本無也字、諸本並有、今據補正、

不應拜而拜之屬也　文明本也誤作乎、今改正、

恭不合禮 文明本旁注異本此上有苞氏曰三字、延德本清熙園本與文明本同、久原本桃華齋本根本本與異本同、

亦可宗敬也 阮元云、皇本宗下有敬字、余所見皇疏諸本皆然、唯久原本旁注云、異本無敬字、按此下孔注云、所親不失其親、亦可宗敬也、皇疏則云、亦可宗者、亦猶重也、能親親所親則是重爲可宗也、疑皇侃所據經文本無敬字、今本有敬字、蓋涉注文而竄入者、

疾學於所學之行也 根本本疾下無學字、似是、然諸鈔本皆有、今姑仍其舊、

若學前言之行 文明本若誤作君、今依諸本改正、學前言之行、根本本作前學之言行、久原本作學前之言行、

可謂好學也矣已 篁墩本根本本也矣已三字作也已矣、與爲政篇攻乎異端斯害也也已矣句法全同、文明本久原本桃華齋本並此章句未作也矣已、爲政篇則作也矣已、按篁墩本與古鈔集解本正平板同、文明本與永祿鈔集解本合、

子貢問曰 邢本子貢下無問字、皇疏諸本並有、唯文明本旁注云、異本無問字、阮氏校勘記云、按皇疏云、子貢問言、若有貧者能不橫求何如、故云貧而無諂也、邢疏云、若能貧無諂佞、富不驕逸、子貢以爲善、故問夫子曰、其德行何如、據此則古本當有問字、

貧而樂道 邢本無道字、按集解兼采孔鄭二注、孔注無道字、鄭注有道字、皇疏此下引孫綽云、顏氏之子一簞一瓢、人不堪憂、回也不改其樂也、八佾篇起予者商也下、引沈居士云、孔子始云、未若貧而樂道云云、是六朝時論語、道字或有或無、唐石經則旁添道字、蓋石經旁添字、宋

人所加、開成刊定時無有也、今攷皇邢兩疏、二本當有道字、今本邢疏無之者、疑是後人依石經所校改、

患己不知人也　釋文出患不知也、云本或作患己不知人也、俗本妄加字、吉田篁墩云、竊嘗考論語例、有同語重見者、有語小異而義同者、如此章與里仁篇不患莫己知求爲可知也、憲問篇不患人之不己知患其不能也、衞靈公篇君子病無能焉不病人之不己知也、章、重見疊出、意義一同、則知陸本爲正也、今按皇疏云不患人不知己、但患己不知人耳、據此則皇本當作患己不知人也、蓋皇侃所據經文與陸本不同也、

王肅曰徒患己無能也　阮元云、此注唯皇本有之、各本並脫、吉田篁墩云、永祿鈔集解本亦有、今按久原本桃華齋本並有此注、與阮氏所引皇本合、清熙園本延德本並

無、文明足利二本雖並有王注、以文明本此九字墨色與全書不同、足利本則朱書之、今攷其注義與皇解不合、疑皇本原無此注、今本有之則後人據永祿鈔集解本所補、

論語義疏校勘記

論語義疏校勘記

論語爲政第二

衆星拱之釋文出星共之云、鄭作拱、拱手也、清熙園本根本本、經注疏竝作共、與釋文同、文明本久原本桃華齋本篁墩本、經注竝作拱、與鄭本同、疏則作共、今按微子篇子路拱而立下疏云、拱沓手也、蓋皇氏拱字讀與鄭氏此注同、而此條疏文特爲宗尊義、則皇本原當作共、文明諸本作拱者蓋後人所改、

鄭玄曰德者無爲文明本旁注異本鄭玄作苞氏、諸本竝與文明本同、唯延德本與異本同、息軒云、德訓無爲、非鄭義、今按皇疏讀拱字爲宗尊義、亦與鄭義不合、疑皇本原當爲苞注、現存諸本爲鄭注者、蓋据古鈔集解、本正平刻集解本所改、延德本獨存其舊也、

有恥且格此下久原本桃華齋本有加白反三字、恐後人所加、

格正也文明本旁注格下異本有者字、按正平刻集解本古鈔集解本並有者字、

及至五十始衰聽塵引皇疏及下無至字、

知天命之終始也文明本句末無也字、恐脫、今據諸本補正、

從心所欲無非法者延德本桃華齋本者作也、

其人不足委曲即亦示也諸本並如此、唯延德本卽下亦上有告字、按延德本衍亦示二字、諸本卽亦不示三字當作卽告二字、上文云、或人問孔子何不卽告孟孫、乃還告樊遲耶、故此答云其人不委曲卽告也、卽告二字與上文相應也、蓋告亦示形相似、故舊本告字或誤作亦、或作示、後人對校旁記異字、而鈔手無識、倂所校字而存之也、

名偃也文明本無也字、今據諸本補正、

唯不知敬與人爲別耳久原本桃華齋本爲別耳三字作何以爲殊別乎六字、恐非、

子夏問孝此下注古鈔集解本正平刻集解本竝爲何注、皇疏諸本邢疏本竝爲苞注、

或矯其時失時字恐衍、

以訓來問來問之訓文明本及淸熙園本旁注竝云、二訓字異本作酬、

熊埋云退察與二三子私論退察二字恐誤倒、根本本改作察退是、

問施於何德行而可謂爲君子乎諸本施下無於字、乎作也、

唯文明本如此、按文明本於字恐衍、

論語義疏校勘記

雜學于諸史百家史當作子、

我欲教汝知之文事文字恐衍、延德本原作文事、後朱改爲文章、按文之形相似、故舊本之字誤作文、而後人正之、鈔手無識、遂併誤字存之、文事義不可通、又妄改爲文章也、

孔安國曰由弟子諸本子下有也字、文明本獨無、

鄭玄曰子張弟子諸本子下有也字、文明本獨無、

苞氏曰哀公魯君之謚也久原本魯下君上有之字、恐衍、

革其耳目以化今本白虎通化上有助字、化下有也字、

又云十三月之時云云疏所引與今本白虎通稍不同、疏所引十三月

十二月十一月爲次、今本則十一月十二月十三月爲次、人得加功力、今本無力字、陽氣始養

根核、今本作根株、色尚黑也、色尚白也、色尚赤也、三也字、今本竝無、

又云天道左旋今本白虎通改正右行下有何也二字、天質地文下有質者据

質文者據文八字、周反天統何作周反統天何也、質文再改正朔三易作質文再而復正朔三

而改、三微質文正不相因作三微質文數不相配、

孔安國曰義者所宜爲也諸鈔本此下有小字見義不爲四字、四字下錄

邢疏一條、按現存皇疏中所錄邢疏、蓋係卷子本背記文、凡背記之例、每條必標經注一二句

以連疏文、後人改寫爲册本時、悉删其標語移之皇疏末、獨此條尚存標語、偶足以知舊本面

目也、

論語義疏第一　諸鈔本卷末標題如此、獨文明本此卷末題下有終字、他卷竝無、今據本全書例刪正、文明本每卷末題下記經若干字注若干字、他本則否、按本邦舊傳集解本、每卷末皆注經注文字數、而所注字數不同、今觀文明本所記、一與正平刻集解同、則知此本乃據正平刻本所校改、

論語義疏卷第二

論語八佾第三　文明本此卷小題下空一格、有大字疏字、以連疏文、無何晏集解四字、而凡廿六章四字則在皇侃撰三字右旁、今據全書例改正、

八佾舞於庭　諸本舞字經作舞、注及疏則作儛、按干祿字書出儛舞云、上俗下正、

天子穆穆矣集解本邢疏本竝無矣字、皇疏諸本竝有、按苞本注邢疏云、穆穆天子之容也、皇疏本云、穆穆敬也、又云、天子容儀盡敬穆穆然、由是觀之、苞皇所依亦無矣字、疑舊本奚字或誤作矣、後人旁記奚字正之、鈔手兩存之、遂衍矣字也、

相助辟猶諸侯也公二王之後久原本桃華齋本助下後下竝有也字、

何不答以禮本而必言四失何也句首何字恐衍、

鄭玄曰易和易也延德本久原本桃華齋本竝爲苞注、古鈔集解本正平刻集解本邢疏本亦同、文明本清熙園本竝爲鄭注、今按釋文云、苞云和易、鄭云簡、則此非鄭注也、

就注意卽文明本旁注、異本意下無卽字、

論語義疏校勘記

子曰夷狄之有君知不足齋本疏云、此章爲下潛上者發也、諸夏中國也、亡無也、言中國所以尊於夷狄者、以其名分定而上下不亂也、周室既衰、諸侯放恣、禮樂征伐之權不復出自天子、反不如夷狄之國尚有尊長統屬不至如我中國之無君也、按此文與舊鈔本及根本本逈異、疑是著錄四庫時、儒臣所改竄、蓋因清初禁書之令甚嚴、而此章有所忌諱耳、

泰山諸鈔本或作太山、或作大山、今從文明本、

射儀之禮久原本桃華齋本之作云、誤、

夫少人之爭久原本桃華齋本少作小、義、長、文明本清熙園本作少、恐非、

敢自爲矜貴諸本竝無敢字、文明本獨有、

釋此者亦云久原本桃華齋本竝無亦字、恐非、

巧笑倩兮文明本延德本清熙園本經注笑字、疏作咲、久原本注亦作咲、桃華齋本經注及疏皆笑、按干祿字書出咲笑、云、上通下正、

美目盼兮阮氏校勘記云、說文盼、詩曰美目盼兮、从目盼聲、盼恨視也、从目分聲、音義迥別、作盼是、今按皇疏諸本皆作盼、古鈔集解本亦同、

自能約束文明本約作結、下須其禮自約束之約亦同、延德本清熙園本唯此約字作結、下則作約、桃華齋本二處竝作約、今依改正、

更廣引理以答也久原本理作詩、恐非、

鬱鬯者煮鬱金之草諸本竝無者字、文明本有、文明本旁注、異本金下無之字、按周禮鬱人鄭注云、鬱鬯鬱金草宜以和鬯、禮記郊特牲正義云、鬱鬱金草也、鬯謂鬯酒賫

論語義疏校勘記

鬱金草和之、金草二字間竝無之字、

氣芬芳調暢 禮記郊特牲正義云、其氣芬芳調鬯、周禮鬯人鄭注云、鬯釀秬爲酒、芬香條暢於上下也、詩江漢箋云、謂之鬯者芬香條鬯也、按鬯暢相通、調暢條暢義同、

鄭康成不正酌道灌地 諸鈔本皆如此、按正當作云、道當作酒、

故云之於天下也 云字下疑脫知其說者四字、

仕衞爲大夫也 延德本大夫上有衞字、恐衍、

寵卑而有求 久原本桃華齋本有下有如字、恐衍、

鄹人之子 寶德本文明本清熙園本經作鄹、注及疏作郰、久原本桃華齋本則經注作鄹、唯疏作鄒、按說文鄒魯縣、古邾國、從邑芻聲、郰魯下邑、孔子鄉、從邑取、玉篇鄒俗作郰、郰論語作鄹、

蓋鄹郰之異字、鄹鄒之俗字也、徐鍇繫傳鄒下引趙岐題辭云、邾國至孟子時改曰鄒、則留反、郰下引左傳郰人紇、則侯反、蓋鄒郰二字古音義適別、無相通借、陸氏釋文則云、孟子鄹邑人、又云鄹側留反、蓋至六朝時、鄒郰相混、皇侃梁人、故疏郰作鄒、疑其所依經注亦作鄒、今本作郰者後人依据集解舊本所校正、

射有五善 經籍訪古志云、弘前星野氏所藏義疏第二卷八佾篇、射不主皮條、馬融注射有五善下、及以熊虎豹皮爲之下、引邢疏文、竝冠裏云二字、云云、今按諸鈔本皆無裏云二字、獨久原文庫所藏一本有此兩字、與訪古志所謂星野本相符、而告朔餼羊章鄭注下及事君盡禮章下引邢疏、竝冠裏云二字、是則訪古志所未言、

興武 延德本武作儛、與古鈔集解本正平刻集解本同、

論語義疏校勘記

以能虎豹皮爲之　延德清熙園久原桃華齋諸本、此下皇疏後有邢疏一事、久原本、文庫一本則錄之皇疏前、文明本則竝錄於皇疏前後、而其文全同、則知文明本是就舊本二種寫定者、

亦兼取之和容　久原文庫一本旁注異本取下無之字、今按諸鈔本皆有、永祿鈔集解本同、

是告朔之禮都亡已　清熙園本久原本桃華齋本竝無已字、

當今之時　桃華齋本久原本今作尒、

關雎樂而不婬　婬經字从女、注从水、疏引江熙从女、李充鄭玄則从水、

江熙云樂在得叔女　清熙園本延德本桃華齋本久原本竝無在字、

寤寐思之延德桃華齋久原三本、寤寐兩字並从穴、

孔子聞之宰我說之字當在宰我下說字上、

謂之大儉乎也清熙園本延德本久原本並無也字、大作太、

更謂爲得禮也久原本桃華齋本篁墩本得下有知字、永祿鈔集解本同、他本並無、

古鈔集解本正平刻集解本同

樹屏以敝之延德本桃華齋本敝作弊、清熙園本久原本作蔽、正平板同、文明本作敝、

古鈔集解本同、

管生方恢仁大勳桃華齋本管生作管仲、

子謂魯大師樂久原本桃華齋本並提行、

論語義疏校勘記

聖德之將喪亡也諸鈔本將上有時字、文明本獨無、

孔安國曰木鐸篁墩云、慧琳大般若音義引孔注論語云、木鐸金鈴木舌以宜文教也、今按慧琳所引孔注與今本不合、陸氏釋文云、木鐸金鈴木舌施政教之所也、上六字與琳引孔注同、下六字與今本孔注相似、

子聞韶此下注文明本延德本清熙園本竝爲何注、久原本久原一本桃華齋本則爲孔注、

論語里仁第四文明本久原文庫一本足利本此下所引邢疏在皇疏前、他本則在後、

逢惡則墜久原本桃華齋本墜作墮、

五閭爲族五族爲黨文明本族作旅、誤、今改正、

智者利仁久原本桃華齋本經注皆作智、文明本延德本清熙園本經作智、注作知、正平板本及古鈔集解本竝同、

智者謂識照前境諸鈔本照作昭、唯文明本久原本一作照、

則是爲行之勝者清熙園本延德本行作仁、誤、久原本桃華齋本行上衍仁字、

要當取之久原本桃華齋本要作必、

以非理加於仁者之身文明本無之字、諸本竝有、按此下引李充說亦謂仁者之身、則文明本無之字者恐非、今据他本改正、

無以加尙爲之優也根本本爲之作之爲、與邢疏本同、諸鈔本作爲之、與古鈔

集解本正平板同、

故云爲仁能有耳 延德本爲下無仁字、古鈔集解本正平板邢疏本竝同、清熙園本久原本桃華齋本根本本、仁字竝在能字下、

子曰君子之於天下也 久原本提行、

使足人知 久原本桃華齋本足作是、恐非、

吾道一以貫之哉 邢疏本句末無哉字、古鈔集解本皇疏諸本竝有、唯篁墩本哉作矣、

按疏文、皇侃所見經文與邢疏本同、現存諸本竝有哉字、蓋据古鈔集解本所改、

忠恕而已矣 余蕭客古經解鉤沈云、惠棟所校相臺岳氏本此下有何注忠以事上恕以接下本一而已惟其人也十六字、陳鱣論語古訓依惠校本補之、唯劉寶楠正義則斥爲後人所

增、今按京都大學所藏清家點本旁記何注十六字、據吉田篁墩近聞偶筆所引永正鈔論語跋尾、清家本此注乃依唐本補入者、（唐本謂漢土刊本）而日本訪書志所載宋監纂圖互注論語實有此注、則知清家點校唐本是宋監纂圖互注本也、疑岳本此注亦出於纂圖互注本、蓋宋刊經子題纂圖互注重言意者、皆坊刻帖括之書、不足爲據、而我國所傳集解舊本及皇疏諸鈔本、竝無此注、劉氏斥爲後人所增、似有所見、

子曰君子喻義　久原本桃華齋本提行、

子曰事父母幾諫　久原本桃華齋本提行、

義主恭從　文明本主作至、誤、今依他本改正、

敬而不違勞而不怨　文明本久原文庫一本敬下有以字、恐衍、今据他本刪正、古鈔

論語義疏校勘記

集解本正平板並無兩而字、邢本唯勞下有而字、敬下無、

不敢疾怨　文明本疾怨二字誤倒、諸鈔本及禮記內則並作疾怨、今據改正、

既在三事同　桃華齋本旁注云、三者君父師也、

子曰古之者言之　延德本清熙園本久原文庫一本桃華齋本並作古者言之、古鈔集本解本同、按文明本古下之字恐衍、

秉小居薄　桃華齋本久原本秉作康、恐非、

德不孤　據疏文皇氏所見論語似孤下有焉字、

故云魯無君子者　諸本云作之、誤、今改正、

速數之數也　久原本桃華齋本延德本句末並無也字、

論語義疏卷第三

論語公冶長第五延德本久原本桃華齋本篇題上無論語二字、

公冶長者文明本長下無者字、他本皆有、今據補正、

故先評論云謂云當作之、

而遂次女次當作以、

孔安國曰公冶長弟子魯人姓公冶名長此下諸本引邢疏、疏後有范寧曰名芝字子長也九字、唯清熙園本有邢疏而無范說、按范說九字疑後人據陸氏釋文所增、非皇疏本文、

在獄六十日卒日久原本卒日上無六十日三字、清熙園本比久原本獄下

論語義疏校勘記

唯多一中字、今按卒日二字恐衍、蓋舊本六十日誤合爲卒、日二字、後人旁記六十日三字、以校改之、而鈔手無識、遂併誤字存之也、

南宮縚也　清熙園本久原本迷庵本篁墩本縚竝作韜、

姓南宮　文明本宮作容、誤、今改正、

宓不齊也　文明本清熙園本宓作密、足利本原作密、後人朱改宓字、顏氏家訓書證篇、孔子弟子虙子賤、俗字亦爲宓、集韵宓或作密、

學行之　清熙園本桃華齋本之下有也字、

用盛黍稷之飯也　桃華齋本用作同、誤、

俱容一斗二升　文明本作但容一斗三升、恐非、今據他本改正、

但是用捨之不同耳文明本但作倶、耳作也、旁注異本作但、作耳、諸鈔本

與異本同、今據改正、

備仁躬自足躬字恐衍、

不知其仁也文明本句末無也字、諸本竝有、今據補正、

范寧曰開知延德本久原文庫一本本知作以、

鄭玄曰善其志道深也諸本善作喜、唯文明本延德本作善、論語古訓云、弟

子傳集解引鄭注亦作善、

從我者其由也與邢本無也字、皇本有、阮元曰、皇本有也字、與顏師古漢書地理志注

及御覽百六十七所引合、今按古鈔集解本亦有也字、然據疏文、皇侃所見論語則無也字、現

論語義疏校勘記

存諸本有之、疑後人依古鈔集解本所改、

當時子路俱也　延德本朱抹時字、根本本也上無俱字、按時字俱字竝衍、

古作材字與哉字同　作字恐衍、

子路仁乎　桃華齋本乎作哉、

仁道弘遠　清熙園本延德本久原本桃華齋本道作理、

爲大夫采　桃華齋本根本本文明本采下有地字、恐衍、今據他本削正、

男方百里　文明本清熙園本延德本方作者、恐非、今改正、桃華齋本方上有者字、恐衍、

十室之邑　文明本延德本十作千、恐非、今據他本改正、

糞土之牆不可杇　釋文出圬云、本或作杇、文明本延德本作杇、與釋文所引異本合、古鈔集解本正平板同、清熙園本桃華齋本迷庵本作圬、與釋文同、按五經文字圬杇同、

杇鏝也　文明本延德本久原本篁墩本竝作杇墁、清熙園本迷庵本作圬墁、按釋文出圬槾云、本或作杇鏝、文明本杇字从木、與釋文所載異本同、則墁字、亦當從異本作鏝、爾雅釋宮鏝謂之杇、說文鏝鐵杇也、蓋鏝正字、槾墁借字也、又按疏中圬杇槾墁鏝字錯出、今據久原文庫一本寫定、

醨薄之迹　文明本旁注異本迹作速、諸鈔本多與異本同、根本異本作跡、迹跡字同、

今忽正晝而寢　諸鈔本正下有直字、恐衍、文明本無、

發於宰我晝寢也　桃華齋本我下有之字、恐衍、

論語義疏校勘記

性無欲者也久原本桃華齋本欲作求欲二字、

子貢自願云我不願諸本無我不願三字、文明本久原文庫一本有、

以此言之與久原文庫一本句末無與字、似是、

其事上也敬文明本延德本久原文庫一本此下引邢疏一事、以連是二也人若事君親及在已上者必皆用敬也十八字、按此十八字邢疏所無、且清熙園久原桃華齋諸本竝置之邢疏前、則是皇疏、非邢疏也、但是二也之是字、參之下文、衍、

克終者難諸鈔本克作尅、文明本獨作克、按集韻克通作剋、增韻剋俗作尅、

梁上楹也清熙園本桃華齋本久原本楹上有之字、與古鈔集解本合、

穀於菟久原本桃華齋本迷庵本穀作敦、

(音塗)根本本塗上有烏字、諸鈔本並無、按釋文於音烏、菟音塗、根本本塗上有烏字、蓋據釋文所補、音塗二字疑亦先儒旁注之詞、誤入疏中者、

故呼爲鬬穀於菟　諸本於菟作烏塗、唯久原文庫一本作於菟、今據改正、

恐其不知解也　諸本恐作怨、誤、今據久原本文庫一本改正、

崔子弑齊君　文明本延德本弑作殺、誤、今據他本改正、

言再過二思而則可也　文明本旁注異本過下無二字、思下無而字、按異本是、

詳愚　文明本久原本詳愚作詐愚、正平板同、清熙園本延德本作詳愚、古鈔集解本同、桃華齋本作佯愚、邢本同、按皇疏云詳詐也、則作詳愚者是、

論語義疏校勘記

巧言令色足恭 此下疏引繆協、延德本作繆播、馬國翰曰、繆協不詳何人、梁七錄隋唐志陸氏經典敍錄皆不載、唯皇侃義疏引凡二十七節、今按先進篇顏淵死子曰噫天喪予章下皇疏引繆播、清熙園本原作繆協、後朱改爲繆播、陽貨篇宰我問三年之喪章下皇疏引繆播邢疏作繆協、此章所引諸本多作繆播、延德本則作繆協、疑疏中所引繆協皆繆播之訛、播字舊鈔本或从十、番古文作釆、或作乎、蓋舊本播或作⿰忄亏、字形與協相似、故播誤爲協歟、

其既良直 延德本既作說、恐非、

亦從左邱明恥也 延德本清熙園本久原本桃華齋本竝無邱明上左字、

顏淵季路侍 久原本提行、

孔子話顏淵曰 清熙園本久原本桃華齋本話作語、

衣輕裘 唐石經作衣裘旁添輕字、按石經旁添字宋人所加、非開成原有、此下皇疏稱車馬衣裘共乘服而無所憾恨也、則皇本亦無輕字、現存諸本有輕字、蓋後人据古鈔集解本所校增、

苟能好學則 桃華齋本苟作故、

文明本此篇末題云論語公冶長章終、今從全書例删正、

論語雍也第六 清熙園本足利本雍也上無論語兩字、

雍孔子弟子也 清熙園本久原本桃華齋本足利本孔子上有也字、恐衍、

可使治國故也 諸本國下無故字、文明本有、按故字衍、

簡謂疏大 文明本作疏謂簡大、誤、今改正、

論語義疏校勘記

吾欲說而文之　文明本延德本文作衣、恐非、今依他本改正、

機時　文明本清熙園本機作幾、今依他本改正、

是馬注曰與同也　與字當在是下馬上、

犁牛文也　清熙園本延德本久原本桃華齋本竝無牛字、根本本犁作犂

（或音狸狸雜文也或音犁犂謂耕犁也）　根本本狸作狸、犁作犂、諸鈔本竝作狸及犁、與釋文所載音釋合、按何注以犂爲雜文、騂爲赤色、皇疏則云、犁牛文也、雜文曰犁、或音狸、狸雜文也、或音犂、犁謂耕犁也、騂赤色也、是初二句及末一句、引申何義、中間或音狸以下十五字、則舉其異讀者、然皇疏之例、遇先儒說異注義者、輒先敘長短以示取捨、而此處獨否、疑此十五字後人據釋文注異讀、而鈔手無識、誤入疏中者、邪疏

雜文曰犖、駁純赤色也、語卽襲皇疏之文、而犖駁之間不擧異讀、蓋邢氏所見皇疏猶未衍之也、

有才能故云亦何有也　文明本句首有何字、恐衍、今據他本刪正、久原本桃華齋本故下脫云字、

季氏使閔子騫爲費宰　久原本提行、

其邑宰叛　清熙園本久原本桃華齋本叛上有數字、

汝好爲我作辭　久原本好作可善二字、又通、清熙園本延德本作可善好三字、好字恐衍、

得面南也　久原本面下有向字、清熙園本面上無得字、面下有向字、竝非、

論語義疏校勘記

故歎始末言賢也桃華齋本、根本、義本故下無歎字、長、

廢仕耳文明本旁注異本仕作任、諸本皆與異本同、按任仕以形似而誤、

馬融曰君子爲儒清熙園本久原文庫一本君子上無馬融曰三字、正平板及史記弟子傳集解竝同、延德本馬融作孔安國、古鈔集解本同、文明本久原本桃華齋本竝爲馬注、永祿鈔集解本同、

若非常公稅之事則不嘗無事至偃室也非下常字及嘗下無事二字、恐衍、

佞與淫異故云及也及當作反、根本本作反、是、

孔安國曰言人立身成功桃華齋本人下有之字、根本本同、

言人得生居世者必由直行故也諸本得下有全字、唯久原文庫一本無、今據削正、桃華齋本由下無直字、恐非、

唯人身直乎久原本桃華齋本人身作其身、

謂欲學之以爲好者也諸鈔本學上有好字、文明本無、

而可教者謂上中以下文明本可上有不字、恐衍、今據他本削正、

樊遲問智清熙園本延德本智作知、下可謂智矣之智字又同、按智作知、與正平板及古鈔集解本合、文明本作智、與永祿鈔集解本同、

陸特進曰陸特進未詳何人、疑顏特進之訛、

智者動桃華齋本智作知、下智者樂之之智字亦同、

論語義疏校勘記

故固壽考也　諸鈔本故下無固字、文明本獨有、

沈湎無度　文明本無度作既廢、恐非、今據他本改正、

言不知禮也　清熙園本延德本知作如、恐非、

故禮說三爵之制　桃華齋本說作設、誤、文明本旁注異本禮下有記字、按記說義同、疑舊本說字或作記、後人對校旁記異字、而鈔手不察、遂併所記校字存之也、

所以防沈湎　文明本所作可、恐非、今據他本改正、

君子博學於文　文明本文上脫於字、諸本竝有、今據補正、

孔安國曰等以爲　久原文庫一本等作舊、與邢疏本同、

論語義疏卷第四

論語述而第七

聖亦失常桃華齋本失作喪、

新制禮樂桃華齋本制下有作字、

竊比於我於老彭諸本如此、但有不爲齋本根本本我下無於字、久原本上下均有、而朱抹我上於字、按古鈔集解本、於字在我下、正平板及邢疏本在我上、諸本有兩於字、蓋後人鈔寫此書、經文則併用集解本二種、是以兩存之、未敢定取捨耳、

不疲倦也桃華齋本也上有者字、

言人無此諸行桃華齋本久原文庫一本此上有何有於我者五字、

論語義疏校勘記

敦誨誘之辭也 文明本敦作熟、恐非、今據桃華齋本改正、

玉藻云燕居貌溫溫 清熙園本桃華齋本貌竝作告、溫溫下有注告謂教使溫溫恭大九字、根本本與清熙園本大略相同、但使溫溫下有也字、溫溫上有詩云兩字、恭大作恭人、按今本禮記與根本本同、然此章馬注曰、申申夭夭和舒之貌也、皇疏又稱申申者心和也、夭夭者貌舒也、則皇侃意以此章爲記夫子燕居容貌、故引玉藻燕居貌溫溫語而證之、疑皇氏所依禮記作貌溫溫、後人依鄭本改貌爲告、又取其注竄入之疏中也、

心申暢故和也貌舒緩故夭夭也 桃華齋本申作中、舒下無緩字、

舍之則藏 史記弟子傳舍作捨、子罕篇毋必下注云、用之則行、捨之則藏、故無專必也、此章皇

疏又云、用行捨藏、唯我與爾有是夫、則皇侃所據經作捨、季氏篇舍曰欲之之舍字、桃華齋本久原本竝作捨、卽其證、

自降幾以下 根本本幾作聖、有不爲齋本降下有合字、故下可上有凡字竝朱書、按自降以下十字義未詳、

子行三軍則誰與 釋文云、與皇音餘、翟灝云、皇氏義疏曰、子路意必當與己、己有勇故也、故問則誰與之（之疑也字之譌）是以與字解義、爲俱、別坿沈居士一說、則解與爲許、均未嘗讀作餘音、義疏久淪海國、近方從市舶購到、其中或有被竄、亦未可知、陳澧云、蓋皇疏殘闕、而足利人妄補之也、今通覽疏文解義、無讀作餘音者、是知今本釋文必有字訛、翟陳諸人專据此而疑皇疏非也、

論語義疏校勘記

必致傷溺　清熙園本桃華齋本溺下有水字、恐衍、

子之所慎齊戰疾　此下疏中齊字凡八見、根本本經疏皆作齊、文明本經作齊、疏唯散齋及於齋不慎兩處作齋、餘皆作齊、桃華齋本經作齋、疏散齋、致齋、齋之言齊也、及於齋不慎四處作齋、按桃華齋本是、文明本經作齊、蓋依正平板所改、

肉味　諸本經注皆作完味、唯文明本經作肉味、注仍作完味、按本邦舊鈔本論語肉字皆作完、敦煌鄭注本作宍、完疑宍字之訛、干祿字書出宍肉云、上俗下正、是也、文明本經作肉、蓋依正平板所改、

彌時忘味　桃華齋本彌作一、恐非、

致飢應不恨　清熙園本飢下有死字、久原文庫一本作餓死、桃華齋本作死、死上

無飢字餓字、

不安生害仁桃華齋本安作求、

小者故不失之桃華齋本句末無之字、文明本旁注、異本之作也、

詩云弋凫與鴈文明本鴈作鷹、恐非、今改正、

荅司敗曰昭公知禮也久原文庫一本公下有稠父二字、根本本唯有稠字、

揖巫馬期而進也集解本邢疏本竝也作之、按皇疏云、揖孔子弟子進之、則皇本亦當作之、文明本作也、蓋依正平板所校改、

謂爲不知禮乎桃華齋本謂作孰、

論語義疏校勘記

故向之言爲合禮　文明本旁注異本禮下有也荀曰合禮五字、桃華齋本根本本竝與異本同、

繆協曰　清熙園本繆下協上有播字、疑舊本或作繆播、後人校讎旁記異字、而鈔手無識、併所校字存之也、

今以不受爲過　桃華齋本不下無受字、恐非、

孔安國曰躬爲君子　桃華齋本子下有行字、永祿鈔本集解本同、

苞氏曰正如所言　清熙園本延德本竝爲馬注、與大永鈔本集解本及邢疏本同、

子疾病　鄭本陸本及後漢書方術傳引竝無病字、皇本邢本竝有、阮元云、集解於子罕篇始釋病字、則此有病非、今按皇疏云、疾甚曰病、邢疏亦云、孔子疾病、子路告請禱求鬼神冀其疾愈也、

則皇邢本固有病字、古鈔集解本及釋文所引一本亦同、

有此祈禱之事乎 清熙園本桃華齋本祈禱作禱請、

諸侯祈山川 桃華齋本久原文庫一本祈作祭、

祈福上靈 清熙園本桃華齋本上作二、按二本古文上字、

豈比欲率舊之辭也 文明本此句作此豈其辭乎欲率舊之辭也、恐非、今據清熙園本桃華齋本改正、

不猛者不威 文明本清熙園本延德本猛上無不字、今據桃華齋本補正、

桃華齋本篇末題云述而第七終、與永祿鈔集解本體式同、

論語義疏校勘記　三十一　懷德堂

論語義疏校勘記

論語泰伯第八

太王即古公亶甫　桃華齋本根本此下有也亶甫三字、義本長、

太王之長子　根本本長作元、恐非、

季曆　清熙園本桃華齋本曆作歷是、今姑仍文明本之舊、

若從庶人而起　文明本延德本起作赴、恐非、今據他本改正、

子有聖德　桃華齋本子作昌、

遜在牀下　桃華齋本久原文庫一本遜作遷、

若無禮則畏懼之甚於事不行也　桃華齋本久原文庫一本若上有愼字、根本本作若愼而無禮、義長、

受之父母 文明本受下無之字、諸本竝有、今據補正、

毀傷與不 桃華齋本毀上有不字、

鄭玄曰啓開也 陳鱣論語古訓以鄭氏此注爲不完、以後漢書崔駰傳引父母全而生之亦當全而歸之十二字補益、且謂皇疏父母全而生己、己亦全而歸之也、本鄭義、今按敦煌本鄭注亦未見陳氏所增十三字、疑是鄭氏孝經注、疏義亦本之也、

魯大夫也 桃華齋本此下有中遜捷三字、根本本亦同、

辨論三德 桃華齋本論作諭、

顏延之 文明本延德本竝作顏氏之、恐非、今據清熙園本改正、

猶諮問衷求也 文明本衷作哀、旁注異本作忠、久原文庫一本作衷、按衷忠義

同、哀疑衷字之訛、根本本作尋、恐非、

似乎爲教而然 爲讀爲僞、下何言於爲教哉之爲字亦同、禮記月令毋或作爲、注爲詐僞、左氏成公九年傳、爲將改立君者、釋文爲本作僞、爲僞古相通也、

夫推情在於忘賢 情讀爲誠、按淮南繆稱訓不戴其情、高誘注情誠也、左氏僖公廿八年傳、民之情僞盡知之矣、是亦一證、

其亦不居物以非乎 居讀爲處、乎當作也、

非不爭也 文明本旁注異本爭下有事字、根本本與異本同、按異本是、久原文庫一本本作非不舉事也、舉蓋爭字之訛、

審契而要終也 清熙園本久原文庫一本審作齊、

矯俗撿刑文明本清熙園本刑作形、桃華齋本作刑、按刑正字、形叚字、今改正、

十三舞勺諸鈔本舞作儛、文明本獨作舞、

是使之爲亂也文明本誤倒是使二字、今依他本改正、

冀其感悟文明本冀上有或字、旁注異本無、按異本是、今據刪正、

鄭康成曰不仁人疾之後漢書西羌傳注引鄭注、人上有之字、人下有當以風化之若六字、太甚作已甚、是下有又字、亂下有行字、敦煌鄭本與西羌傳所引大致相同、皇侃所引蓋有刪削也、

設使驕且悋清熙園本句首無設字、延德本悋作吝、文明本作悋、疏文則諸本竝作恡、按皇本經原作恡、文明本作悋者、蓋後人依正平板所改、

論語義疏校勘記

不易得也已　考疏文皇本原無也字、今本有之、蓋依古鈔集解本所校補、

子曰不在其位　桃華齋本提行、

謹愿無情愿貌也　情愿當作情欲、

既與古時反　延德本桃華齋本時上脫古字、

不與求天下而得之也　文明本下下脫而字、今據他本補正、

逢時遇世　清熙園本世作主、

善惡相傾　根本本傾作形、非、

亂臣十人　釋文無臣字、盧文弨曰、考疏文皇本原無臣字、論語聽塵云、我國明經家讀此章不讀臣字、

馬融曰亂理也正平板及古鈔集解本皆爲孔注、皇疏諸本竝爲馬注、

極自允會春秋桃華齋本及聽塵引皇疏竝無極字、

祭服供自己桃華齋本供自己作自供身、

論語義疏校勘記

論語義疏卷第五

論語子罕第九

和樂出乎八音乎延德本音下無乎字、

彌貫六流文明本流作派、恐非、今據他本改正、

今純儉也諸本作今也純儉、文明本作今純儉也、此下疏文今謂周末以下二十九字、延德本清熙園本久原本均在經文純字下、

禮君與臣燕臣得君賜酒文明本燕上衍得字、今據他本削正、

燕義曰君舉旅於賓文明本燕義作禮記、其餘諸本竝作燕燕義、據下文作燕義者是、今改正、

案燕義之 諸本之作云、有不爲齋本作曰、竝非、今據論語聽塵所引改正、

聖亦不追固執之 清熙園本桃華齋本誤倒不追兩字、文明本旁注聖異本作聖人、

故能無固也 文明本清熙園本延德本久原本竝固上有堅字、恐衍、今削正、

萃聚也或問 文明本或下有人字、諸本竝無、今削正、

已亦當終 文明本延德本久原本當下有然字、恐衍、今據桃華齋本削正、

逃上天之明 桃華齋本明作命、

使宰嚭請莅盟 根本本莅作尋、蓋依左傳所校改、諸鈔本皆作莅、

所存遠者大者 文明本遠作達、誤、今據他本改正、

且抑排矜言 文明本排作非、誤、今改正、

兼愛以忘仁 文明本延德本愛作受、恐非、今據他本改正、

故多能伎藝也 桃華齋本伎作技、諸本作伎、敦煌鄭注本亦同、伎上無能字、

率其疑誠諮於聖 諸本諸下有疑字、恐衍、論語聽塵引皇疏無疑字、今據刪正、

發事之終始兩端以語之也而 桃華齋本久原本古本並無也而二字、鈔集解本正平板並同、按也而二字恐衍、今姑仍文明本之舊、

龜書以卑似 根本本似上有禹字、諸鈔本並無、

齊衰 延德本經作齋衰、疏作齋衰、桃華齋本經疏並作齋縗、按桃華齋本是、文明本經作齊衰、蓋據

論語義疏校勘記

正平板所改、

瞽者盲者也 文明本盲下衍之字、今刪正、

恤不成人之也 桃華齋本無之字、與邢疏本同、文明本有之字、與正平板古鈔集解本同、

言忽怳 文明本忽怳與古鈔集解本合、延德本清熙園本作怳忽、與永祿鈔集解本同、桃華齋本作惚怳、與大永鈔集解本及釋文同、邢疏本作怳惚、與釋文引一本同、

竭盡也 文明本竭作既、按既竭義同、

韞匵而藏諸 文明本藏下衍而字、今刪正、

匵謂匣櫃之也 文明本也上有處字、諸本竝無、今依刪正、

善賈貴價也文明本旁注異本價作賈、根本與異本同、

我待賈者也桃華齋本賈作價、注同、

馬融曰九夷此注全同敦煌本鄭注、此下疏文所列九夷八蠻六戎五狄之目諸鈔本稍不同、根本本則皆据爾雅李注改訂、今皆仍文明本之舊而舉其異同、玄菟延德本作玄菟、爾雅李注同、高麗爾雅注作高驪、島臾清熙園本作梟臾、爾雅注作梟更、索家邪疏作素家、天鄙爾雅注作天鄙、吹首清熙園本作次首、爾雅注作咳首、焦堯爾雅注作僬僥、跂踵清熙園本作跂踵、爾雅注作跋踵、拘邦爾雅注作狗軌、虎春清熙園本作虎春、爾雅注作旁春、羌夷或作虎僥夷、依貊聽塵作依伯、天岡爾雅注作天剛、

故云逝者如斯夫也諸本夫下有者字、桃華齋本無、今據刪正、

論語義疏校勘記

能不慨然乎諸本無乎本、今據桃華齋本補正、

未見以厲之也文明本未見上有患字、諸本竝無、今削正、

疾時人薄於德篁墩本此上有鄭玄曰三字、按此注與敦煌本鄭注合、則篁墩本爲鄭注似是、

本注云責其心也久原本亦無本注云三字、清熙園本唯有注字、而無本字及云字、根本本則云上空二格、

此勸人進於道德也文明本句首脫此字、今補正、

一籠文明本旁注異本籠作簣、諸本皆與異本同、

惰疲懈也乃至故聞孔子語而有疲懈文明本疲誤作瘦、孔

子上脫故聞二字、有下脫疲懈二字、今據諸本補正、

苞氏曰孔子謂顏淵諸鈔本苞氏作馬融、永祿鈔集解本同、文明本爲苞注、正平板及古鈔集解本同、

子曰法語之言諸鈔本皆提行、唯文明本否、

口從而云文明本誤倒而云二字、今據他本改正、

能無說乎根本本說作悅、據疏文根本本是、文明本本作說、蓋依正平板所改、

亦特孫爲悅文明本特作將、恐非、今改正、

能尋繹桃華齋本久原本繹作續、誤、

言子路之人身不害物不貪求根本本之下有爲字、義長、然諸

論語義疏校勘記

鈔本竝無、疑之字卽爲字之訛、非之下有爲字也、身不害當作身不忮害、邪疏言不忮害不貪求、卽其證、

知松柏之後彫 諸本彫作凋、唯文明本作彫、與古鈔、集解本同、

性善 文明本善作美、恐非、今改正、

秉性無過 諸本過作同、

然後知 文明本知誤作如、今改正、

見義而不爲畏強御 根本本不爲作爲不、恐非、有不爲齋本無爲字、又通、諸本御或作禦、按御禦通、

故先從正起也 文明本先誤作告、今改正、

未可便與爲友桃華齋本便誤作使、

既向道矣久原本桃華齋本道作方、又通、

而後至大順也諸本至下有於字、與邢疏本同、文明本無於字、與正平板同、

斯可知之耳清熙園本久原本作斯可知之也、與古鈔集解本同、文明本作斯可知耳斯可知之耳、與正平板同、延德本桃華齋本耳作矣、與邢疏本同、

論語鄉黨第十

諸侯亦郊內爲鄉黨文明本清熙園本無黨字、非、今據他本補正、

言須流哽諸鈔本哽作哽、根本本作哽、按哽哽字訛、今改正、

至日出而出 文明本誤脫而出二字、今依他本補正、

躩速貌 桃華齋本速上有又字、

苞氏曰盤辟之貌也 文明本清熙園本盤辟二字右添足躩如三字、篁墩云、大永鈔集解本盤上有此三字、今按古鈔集解本有躩如二字、

敵國 根本本敵上衍匹字、延德本欄外注敵國匹敵也、根本本有匹字、疑旁注之詞誤入疏中者、

西邊而向北 延德本而作南、誤、

面向北而倚 諸本皆如此、按面當作而、先進篇顏淵死章疏我葬鯉無槨而不能止回無槨而字、文明本亦作面、蓋面而二字以形相似而誤也、

白君道賓已去桃華齋本君下無道字、

此明則送賓禮足則字恐衍、蓋舊本明誤作則、後人旁記明字改之、而誤鈔手無識、併誤字存之也、

鄭玄曰復命諸本皆爲孔注、唯文明本爲鄭注、按敦煌鄭注本有此注、則文明本爲鄭注者是、

鞠躬如也如不容延德本清熙園本兩如字間無也字、

棖以禦車過恐觸門也文明本觸上有棖字、恐衍、今依他本削正、

是君子之道文明本無之字、諸本竝有、今補正、

至君堂文明本旁注異本堂作室、

論語義疏校勘記

攝齊 延德本作攝齋、按齊正字、齋假借字、

今出至此位而 桃華齋本脫而字、

子穀璧 文明本璧作圭、諸本竝作璧、今據改正、

擧前足恒使不至地 桃華齋本至作去、

或用皮馬 文明本皮下無馬字、諸本竝有、今據補正、

飾者衣之領袖緣也 文明本緣作飾、恐非、今據他本改正、

齋服 延德本齋作齎、桃華齋本久原本作齋、按作齋者是、

鄭玄注論語云 根本本注下無論語二字、

尊其類也 根本本尊作貴、

紺緅石染諸本石作木、敦煌鄭注本及玉燭寶典所引鄭注作石、孫詒讓云、古止有石染草染、無木染、今本皇疏作木染者乃傳寫之訛、按孫說甚塙、今據改正、

紅紫草染文明本草作山、桃華齋本作屮、延德本作草、按屮草字同、文明本作山、蓋屮字之訛、今據改正、

素積文明本積作績、恐非、今據他本改正、

爲裘以相稱也文明本稱下有禮字、恐衍、今據他本刪正、

黃衣黃冠而祭注云文明本誤脫注字、今據他本補正、

手間屬袂者則名袪亦袖也延德本久原本桃華齋本手上有若字、桃華齋本名袪亦袖也、作名袖亦袂也、

孔安國曰服皆中外之色　延德清熙園久原桃華齋諸本、孔安國曰至相稱也十三字在經文狐裘下、私家裘云云上、更有孔安國曰三字、

鄭注此云帷裳者乃至非者餘衣也　左氏昭公元年傳正義引鄭注、非下有帷裳二字、餘作深、敦煌本亦有帷裳二字、餘作染、按染卽深字之訛、

麑裘青豻褎絞衣以裼之者也　按是禮記玉藻之語、玉藻麑作麛、麛正字、麑假借字、集解論語作麑、故疏亦改麛爲麑也、皇疏諸鈔本豻褎作犴裒、桃華齋本裼作褐、竝非、今據玉藻改正、

齋必有明布也　延德本桃華齋本句末無也字、永祿鈔集解本同、

食饐而餲　此下疏文腐臭也以上十字、諸本在經饐字下、文明本獨否、

魚餒而肉敗　文明本疏引爾雅李巡注餒作脮、按敦煌鄭注本經亦作脮、則皇侃所據經亦當作脮、肉字或作完、卽宍字之訛、又按此下疏文諸本餒餒然也已上十三字、在經文魚餒下、肉臭壞也已下廿八字在經文肉敗下、不食已下十四字在經文不食下、文明本獨否、

煮食或未熟　諸本煮下無食字、唯文明本淸熙園本有、

冬梅李實也　桃華齋本久原本也上有此字、

若不方正割之則　延德本桃華齋本久原本正下無割之二字、則作故、今按割之二字當在若下不上、

謂之牲體　諸本無謂之兩字、文明本有、

(寢子鴆切)　諸本竝無此四字、文明本有、按疏中音釋皆後人所增、

論語義疏校勘記

祭必齋如也　諸本竝如此、正平板亦同、唯文明本清熙園本齋作齊、按文明本經文悉同正平板、則此處亦當作齋、今改正、

是各有其正也　諸本竝正下有者字、唯文明本清熙園本無、

厲鬼　諸本厲作疫、唯文明本清熙園本作厲、

魯之君之朝　清熙園本君上無之字、延德久原桃華齋三本則無之君兩字、文明本君上之字恐衍、

乃以班賜之也　桃華齋本無之字、

薦先祖也　諸本先上竝有其字、文明本無、

出片子　桃華齋本片作少、

疾君視此下疏謂孔子疾病時也八字、諸鈔本竝在疾字下、唯文明本如此、

鄭玄曰於君祭則延德本桃華齋本祭下無則字、文明本有、敦煌鄭注本亦同、

君子之居當延德本桃華齋本戶上有于字、

不能復著之延德本桃華齋本久原本之作衣、根本本亦同、

牽引大帶於心下諸本竝下作中、文明本旁注異本作下、按異本是、今據改正、

夫子疾桃華齋本疾下有之字、延德本疾作病、病下有也字、

不宜北面諸本不上有君字、文明本獨無、

君命召不俟駕行矣此下疏謂君有命召見孔子時也十字、諸本在經文召字下、

論語義疏校勘記

行出而車既駕從之也　諸本行出作出行、文明本作行出、與敦煌鄭注本合、諸本從字作隨、敦煌鄭注本同、

鄭玄曰爲君助祭也大廟周公廟也　清熙園本久原本此處原無鄭注十四字、後人記之欄眉、而文明本則原有、按古鈔集解本邢疏本竝無此注、唯正平板原有、則文明本有之、疑後人依正平板所補、非皇本之舊、

既在孔子之家死　諸本句首無既字、文明本有、

朋友之饋雖車馬非祭肉不拜　此下疏謂朋友有物見餉也八字、諸本在大字饋下、

似死人也　諸本似下有於字、唯文明本清熙園本無、

苞氏曰不偃臥 文明本曰下無不字、恐非、今據他本補正、

家室之敬 延德本桃華齋本家室作室家、

子見齊衰者 延德本齊衰作齋衰、桃華齋本作齋縗、

未至車床半許 諸本許作計、文明本作許、

負版者 文明本經文作負版、注及疏則作負板、他本經注疏皆作負板、按皇本原作負板、文明本經文作負版、疑後人據正平板所改、

負謂擔揭也 延德本久原本揭作揚、下同、

世子之宮宮中史官形象也 周禮注中上無一宮字、史官二字作吏官府之四字、

論語義疏校勘記

自執食設之也　延德本久原本之作食、恐非、

敬天之怒　諸本怒下有也字、文明本無、按敦煌鄭注本亦無也字、怒下風上有爾雅云三字、

必正立執綏　延德本桃華齋本正上無必字、

顧回頭也　諸本竝回作迴、唯文明本作回、

不回頭後顧也　延德本桃華齋本顧上無後字、

前視不過衡枙　諸本前上有言字、文明本無、

言傷疾也　延德本桃華齋本傷作易、恐非、

時哉時哉　阮元云、釋文出時哉云、一本作時哉時哉、案皇邢兩疏文義俱不當重時哉、今按論

語序說疏引此章亦不重此二字、疑皇本原不重、後人乃據集解舊本校補、以致如此、

從梁間見 諸本間下有過字、見下更有山梁間三字、唯文明本如此、

逍遙得時也 諸本時下有所字、

三嗅 久原本、清熙園本嗅作臭、疏同、文明本、延德本經作嗅、疏作臭、桃華齋本則經、疏竝作嗅、按敦煌鄭注本作臭、與久原本及清熙園本同、五經文字出齅嗅云、上說文、下經典相承隸省、論語借臭字爲之、

雉之適也 諸本適上有道字、恐衍、文明本無、

雉之德也 文明本誤倒雉之二字、今據他本改正、根本本雉作雌、

由之有失 諸本失作慙、根本本亦同、之字作也、唯文明本如此、

論語義疏校勘記

心事雙合　文明本合作全、他本皆作合、今據改正、

論語義疏卷第六

論語先進第十一

重古賤今諸鈔本重上有吾字、唯文明本根本本無吾字、恐衍、

先進後進謂士之前後輩也延德本久原本桃華齋本此上有孔安國曰四字、與邢疏本合、文明本爲何注、與古鈔集解本及正平板合、阮元云、釋文出先進後進云、包云謂仕也、是陸又以此注爲包注、今按邢本所謂孔注訓先進後進爲仕前後輩、與陸氏所引包義同爲一類、皇本則仕作士、與古鈔集解本及正平板同、而其義全別、是知皇本原以爲何注、延德本作孔注者、殆後人據邢本所改、

損爲野人延德本桃華齋本久原本損下有時字、恐衍、

論語義疏校勘記

以今觀昔時則 文明本則作別、恐非、今據他本改正、

弟子才不徒俱十 文明本旁注異本徒下無俱字、根本本與異本同、

政事是人事則 清熙園本文明本根本本則作別、恐非、今據他本改正、按則別以形似而誤、皇疏上節以今觀昔時則之則文明本訛作別、是其證、　事下則上久原本桃華齋本根本本竝有之字、延德本之作也、按久原諸本之字卽也字之訛、

於吾言無所不悅 悅字諸本或作說、據疏文皇本原作悅、

季康子問 桃華齋本久原本提行、

淵家貧死無椁故其父 桃華齋本久原本故下有欲字、恐衍、

繆協云子雖才 文明本雖上無子字、諸本竝有、今據補正、

鯉死也無槨　文明本旁注異本鯉下無死字、清熙園久原延德三本與異本同、

不可步行故也　桃華齋本也上無故字、諸本並有、

天喪予天喪予　此下疏引繆播、清熙園本原作繆協、後硃改爲繆播、

能以哀樂爲體　文明本以下有少字、恐衍、今據他本刪正、

子曰有慟乎　此下疏廿五字延德本在經文子慟矣句下、而疏此處更有孔子不自知慟故問之有慟乎也十三字、按諸鈔本並無此十三字、唯根本本有、

無財則已止焉　文明本財下無則字、恐非、今據他本補正、根本本已下無止字、

按已止義同、疑舊本或作已、或作止、而後人校訂旁記異字、而鈔手無識、遂併所校字存之也、

我葬鯉無槨而　文明本而作面、恐非、今據他本改正

論語義疏校勘記

季路問事鬼神久原本篁墩本季路作子路、

何敢問幽冥之中乎諸本誤脫乎字、文明本有、

敢問事死根本本死上無事字、市野迷庵云、古鈔皇本有事字、印本無之者從邢疏本所改、

孔安國曰不得以壽終也桃華齋本此下無疏、諸本並有、

聚斂而附益也延德本久原本桃華齋本句末無也字、他本皆有、按諸集解本及邢疏本也竝作之、疑皇本也字即之字之譌、之也二字以形似而誤、

爲之急賦稅也延德本桃華齋本久原本句末無也字、

馬融曰子張才過人桃華齋本以此注爲何注、

鄭玄曰子路之行桃華齋本以此注爲何注、

遺仁義忘禮樂文明本遺作匱、忘作亡、竝非、今據他本改正、

黜聰明坐忘大通文明本黜誤作默、坐誤作生、今改正、

必亦能每中也文明本誤脫必字、今據他本補正、

說其不知之由也延德本桃華齋本久原本說作解、

子曰有父兄在文明本旁注異本此下有如之何其聞斯行之也九字、按皇疏諸本竝無此九字、唯大永鈔集解本有、

求之問文明本旁注異本之作也、按皇疏諸本竝作之、古鈔集解本及正平板則作也、

各因其人之失而正之也諸本句末無也字、久原文庫一本旁記也字、文明本有也字、疑據旁記異文衍之也、

論語義疏校勘記

孔子既在世 文明本既誤卽、今改正、

庾翼云顏子云云 諸本庾竝作康、唯有不爲齋本作庾、根本作庾、按隋志引梁錄有庾翼論語釋一卷、皇疏所引疑卽是書、蓋庾字康字與庾字形相似而誤、今改正、

聖不値賢 有不爲齋本賢下有則字、

顏子體其致而仰酬 根本本致作旨、

或昧利以苟生 桃華齋本久原本昧作暗、今按作昧者是、昧字讀爲貪、左氏文公廿六年傳注、昧猶貪冒、義與此同、

(問去聲云云) 清熙園本無問去聲等十九字、文明本雖有之、墨色與全書不同、疑後人所增、

諫若不從則亦不去若當作君、

繆協稱中正曰論語聽塵引皇疏、繆協下無稱中正三字、按泰伯篇疏又引繆協稱中正一事、則此條稱中正三字必不衍、聽塵所引蓋從省略也、

故更問曰既不以道及不可則止若清熙園本久原本桃華齋本曰上無問字、恐非、不以道等九字義不可通、疑當作不以道事君不可則止、

子曰殺父與君延德本久原本桃華齋本殺作弑、疏同、

所以賊害人之也久原文庫一本旁注異本人下無之字、根本本與異本同、玩疏下文、之下也上當有子字、

故古人所以惡之也文明本古誤作云、今據他本改正、

論語義疏校勘記

言如或有欲知用汝等　諸本如作汝、按汝當作如、孔注云如有用汝云云、是其證、今改正、

可使有勇且方也　桃華齋本篁墩本使下有民字、按疏文有民字者是、

對曰非曰能之　延德本久原本能上有敢字、

而已玄端服章甫之冠也爲小相相君之禮也　諸本竝如此、唯文明本誤脫玄端服三字、今据他本補正、按此十八字文不成義、疑當作而衣玄端服章甫之時已爲小相相君之禮也、邢疏云、如有諸侯衣玄端冠章甫日視朝之時、己願爲其小相、以相君之禮焉、卽其證、

殷見曰同　諸本竝如此、唯有不爲齋本見作覲、與邢疏本同、周禮大宗伯、時見曰會、殷見

曰同、時聘曰問、殷覜曰視、諸本作殷見、與周禮合、然據疏文、皇本原作殷覜、與周禮不同、故疏

云、鄭玄殷覜曰同者廣覜見之言通也、現存諸本作殷見者、卽後人据周禮所校改、

孔安國曰置瑟久原本瑟上衍琴字、

彼三子者之云誠可各言其志矣有不爲齋本者下無之字、

按之云誠可四字當作誠可云三字、

猶是一黨輩耳桃華齋本黨誤作無、

又因不許赤謙也文明本謙作讓、恐非、今據他本改正

論語顏淵第十二

論語義疏校勘記

又爲門徒之冠者也諸本又作文、恐非、唯有不爲齋本根本本作又、是、今據改正、

一日尅己復禮諸本經文皆作尅、疏則或作尅、或作克、按集韻克通作剋、增韻剋俗作尅、

自責己復禮文明本責下無己字、恐非、今據他本補正、

大祭國祀也延德本久原本桃華齋本祀作祭、

司馬牛問仁諸本竝提行、文明本獨否、

君子質而已矣何以文爲延德本久原本文爲作爲文、按古鈔集解本及正平板竝與文明本相同、唯句末多矣字、大永鈔集解本與延德本合、句末亦多矣字、

於君子所以貴者文明本於誤作猶、今改正、

借民力作公田美惡取於是根本本作作治、是作此、

夏家民人盛多清熙園本桃華齋本久原本多竝作大、根本本亦同、

周禮載師篇諸本竝無篇字、文明本獨有、按篇字衍、

十取一乎文明本延德本久原本十下衍今字、今據他本刪正、

陳恒制齊諸鈔本恒作桓、與古鈔集解本及正平板同、唯本文明本作恒、與邢本同、按憲問篇陳恒弑其君之恒字、諸本多作桓、唯清熙園本經作桓、疏作恒、文明本則經疏竝作恒、則知皇本原作恒、清熙園本經文是據古鈔集解本所校改、諸本經疏竝作桓者、後人從所改經文本而又改其疏文也、

父不父子不子久原文庫一本旁注異本無此六字、按古鈔集解本正平板亦同、

論語義疏校勘記

言我國信有此四事也　文明本我下衍也字、今據他本削正、

子路心高　文明本高作亮、諸本竝作高、今改正、

故不逆言許人　諸本人下有也字、文明本無、清熙園本則有也字、而無人字、

若訟至後察則不異於凡人也　延德本則誤明、

民必忠信之也矣　根本本也上無之字、也下無矣字、諸鈔本皆有、

弗畔不違道也　延德本久原本桃華齋本根本本竝此上有鄭玄曰三字、文明本無、古鈔集解本正平板亦同、按此注又見雍也篇、諸本於彼皆爲鄭注、此篇則或爲鄭注、或爲何注、未知孰是、

季康子問政於孔子　久原本桃華齋本提行、

達謂身名通達也文明本名作命、恐非、今據他本改正、

若爲事文明本事作本、誤、今據他本改正、

亦自不復自疑也文明本旁注異本不下無復自二字、按不上自字不下復字竝衍、復下自字則否、

此言佞人也久原本桃華齋本人下無也字、行之則達句下有也字、

不聞於近世諸本作不聞於世近世、按文明本唯衍近字、諸本衍近世二字、

竝終年顯稱名諸本終年作終然、疑然年字之訛、子路篇其身不正雖令不從下疏、此終年不得矣之年字、延德本亦作然、是其證、今改正、

後得謂後得祿位已勞也已勞二字當在謂字下、

論語義疏校勘記

樊遲問仁桃華齋本久原本提行、

遠是遠其惡行桃華齋本脫是遠二字、

則使止而不重告也桃華齋本使作便、恐非、

講學以會友諸本句末有矣字、文明本無、

一

論語義疏卷第七

論語子路第十三

識闇不知人也諸本誤脫闇字、今據久原文庫、一本補正、根本本闇作昧、又通、

馬融曰女所不知者桃華齋本久原本此注爲孔注、正平板古鈔集解本邢疏本竝同、久原本女作汝、文明本賢才作賢者、今訂正、

種菓於圃外諸本圃竝作園、論語聽塵引作圃、義長、今據改正、

君上若信則桃華齋本久原本信上有好字、

皆服於情理也桃華齋本延德本服作盡、

施信不以結心而民自盡信文明本結上有信字、恐衍、而下無民

論語義疏校勘記

自二字、恐非、今據他本改正、

不能專獨應對也 諸本獨下有猶字、恐衍、

袁氏云古人使賦詩 文明本旁注異本袁氏作李充、諸本多與文明本同、唯有不爲齋本與異本同、

雖復誦詩之多 諸本詩作詠、文明本作詩、

終年不得矣 文明本清熙園本延德本終年作終然、恐非、今據久原本桃華齋本改正、

二國風化政 風下化字恐衍、下文故風政得和好也、風化政之間無化字、是其證、

公子叔 論語聽塵引皇疏叔作發、與左傳合、

事在(春秋第十九卷)襄公二十九年也按古人引左氏皆唯稱某公幾年、皇疏此卷則兼舉卷第公諡及年數、與古書例異、且憲問篇晉文公譎而不正章下、疏引左氏僖公廿八年及莊公八九年傳文、文明本唯舉公諡年數、他本則其上冠春秋第幾卷字、疑疏中舉左傳卷第者皆出後人旁記之詞、非皇疏本文、今施括號而間隔之、

故孔子信也桃華齋本信下有之字、

猶未能化也文明本化上脫能字、今據他本補正、

殷秦之法遠也文明本延德本殷秦作既泰、恐非、今據桃華齋久原二本改正、

幾近也久原本句末無也字、

如若也若知爲君難諸本也作乎、誤、今據有不爲齋本寫定、

論語義疏校勘記

而云不敢作（此句義未詳、疑云當作事、作當作忽、朱注知爲君之難、則必戰戰競競臨深履薄而無一事之敢忽、蓋本於皇疏稍改其文者、）

爲風政者（文明本爲作乃、誤、今據他本改正、）

樊光云（桃華齋本光作充、樊充未詳何人、樊光注爾雅、見隋唐志及釋文叙錄、疑光又注論語也、）

樊遲問仁（桃華齋本久原本提行、）

假令之入夷狄（桃華齋本入上無之字、）

處濁世則恥不爲君子（桃華齋本則下有獨字、久原本本有唯字、）

解紛挫鋭（文明本鋭作挽、誤、今據他本改正、）

又問求次於士者也文明本清熙園本延德本者作之、誤、今從桃華齋本、

取其有成諸本其並作共、文明本共字旁添其字、按其共字以形似而誤、今改正、

唯直進取善文明本清熙園本善作前、延德本作久原本桃華齋本作善、考苞注作善者爲優、今改正、

狷者應進而不遷桃華齋本久原本進誤退、

說時多譌桃華齋本說作識、又通、根本本譌作僞、義長、

故此說其可之事也文明本也作是、誤、今據他本改正、

又爲不善者所惡文明本又作之、誤、旁注異本作人、按人當作又、今據清熙園延德久原桃華齋諸本改正、

惡人惡己則非己惡　文明本惡己上無惡人二字、今據他本補正、

剛無欲也　桃華齋本欲下有者字、恐衍、

子路問曰何如也　桃華齋本句末無也字、

若有可急寢　桃華齋本根本本急下無寢字、延德本塗抹寢字、按寢字衍、

倍於聖人　桃華齋本久原本倍上有隆字、恐衍、

論語憲問第十四

夫德之爲事　桃華齋本事作言、

合縱連橫　文明本旁注異本作合連縱橫、按諸本多與異本同、

若出全清熙園本延德本止作若全二字、桃華齋本作若出言全四字、久原本作若出全者四字、根本本亦同、按此句當有訛脫、

南宮适桃華齋本提行、

未有小人而仁者也文明本清熙園本延德本此句止作而仁者也四字、桃華齋本本作君子而不仁者也七字、按各本皆非、今據久原本改正、

凡人有志在心桃華齋本無有字、

忠者盡中心也久原本中心作忠心、下有人盡中心來之中心亦同、文明本上作中心、下作忠心、今據桃華齋本寫定、

李充云愛志文明本愛作憂、恐非、今據他本改正、

論語義疏校勘記

世叔有不能草創學問寡才藻此句未詳、學問寡才藻五字、疑當在有字下不字上、

但能討論治正諶所造之辭諸本諶皆作諆、諆卽諶字訛、今改正、

問子西此下疏或人至如何十六字、當在經文問字下、

猶詩言所謂伊人也桃華齋本有不爲齋本泊園書院本根本本本此注竝作鄭玄曰、與考文所引古本同、久原文庫一本爲孔注、他本皆爲何注、古鈔集解本正平板及邢疏本同、吉田篁墩曰、大永鈔集解本作馬注、

有臧武仲之智（謂能避齊禍）而不容於魯國久原文庫一本謂字上有杜注曰三字、桃華齋本旁注云、謂能避齊禍五字異本爲注文、按此五字

疑出後人旁注、非皇疏本文、

事在（春秋第十七卷）襄公廿年也　春秋第十七卷六字恐衍、

攷見前、下同、

牛盡虎未飽　諸本虎下有之字、桃華齋本無、按無之字者是、今改正、

信而言之　此句未詳、按下莊子刺虎事見秦策及史記陳軫傳、據史記、此句當作信

而須之、

今之成人之法也、

此已下說下成人之法是今也　此十二字疑當作此已下是說

見財利思仁義　諸本利下有是字、唯文明本無、按是字衍、

論語義疏校勘記

公孫拔文明本拔作技、誤、今依他本改正、按集解及邢疏諸本皆作拔、唯正平板作技、文明本作技者、蓋依正平板所校改、非皇本之舊、

在鑄（在舅氏之國也）文明本無在鑄二字、他本皆有、左氏襄公二十三年傳、臧賈臧爲出在鑄、杜注還舅氏也、是知在舅氏之國也六字、乃係後人旁記杜注、而鈔手無識、遂竄入疏中者、

非敢私求還桃華齋本求下還上更有求字、而非敢私求句、下求字下屬讀、又通、

事在（春秋第十七卷）襄公二十三年傳也春秋第十七卷六字恐衍、

事在僖公廿八年諸本在下有春秋第七卷五字、唯文明本及清熙園本無、

事在(春秋第五卷)僖公四年春秋第五卷五字恐衍、

子路曰桓公殺公子糾延德本桃華齋本清熙園本糾作糺、注及疏亦同、

奉持子糾桃華齋本持作將、

事在莊公八年九年也諸本在下有春秋第三卷五字、唯文明本及清熙園本無、

諸侯九會管仲之力也諸本九會作九合、唯文明本作九會、據下文文明本似優、按會省體作会、因会合字以形相似而誤、

十六年會幽延德本幽作齊、誤、

僖元年會于檉根本本檉上無于字、諸鈔本皆有、下貫、首止、寧母、葵丘上諸于

論語義疏校勘記

字亦同、按穀梁莊公二十六年傳釋文出于杅云、一本亦作樿、則陸氏所據本亦有于字、根本本專據今本穀梁削諸于字、非、

五年會于首止根本本作會首戴、與今本穀梁范注合、諸鈔本作會于戴止、與左氏傳合、疑是後人據左氏傳所妄改、

凡十一會（又非十一會鄭）不取北杏及陽穀爲會久原文庫一本旁記又非十一會鄭六字、疑非皇疏之文、

名諸兒（作倪字呼）作倪字呼四字恐衍、

（子糾親也乃至**受而甘心焉）**按子糾親也至甘心焉十八字見左氏莊公九年傳、而與下子糾是我親也等廿字義全同、疑是前人取左氏文、以注明皇疏所從出、而

鈔手不察、遂竄入疏中也、

時多虛妄無慙作少少當作也、

陳恒也謚成子文明本謚下有法字、衍、今刪正、

殺其君壬于舒州延德本壬誤作主、

子之伐之將若之何諸本皆子下衍與字、若誤作告、今據左傳訂正、

陳恒諸本恒作桓、非、清熙園本經及注作桓、疏仍作恒、文明本則經注及疏竝作恒、是、諸本作桓者、蓋據集解舊本所校改、

二三子是三卿桃華齋本久原本是下有魯有二字、

更令孔子往告桃華齋本久原本令作命、

論語義疏校勘記

之二三子　此下疏十字延德本在下經文告字下、

子曰無欺也而犯之　桃華齋本久原本也作之、文明本清熙園本延德本作也、與古鈔集解本及正平板同、

夫子何所作爲耶　桃華齋本所下無作字、

曾子曰君子思不出其位　桃華齋本久原本提行、

君子思慮　桃華齋本君子下有之人二字、

夫子所行之道者三　桃華齋本久原本者作有、又通、

長物之風於是乎　此下當有脫字、根本本乎下有暢字、義長、諸本皆無、

閑邪存誠不在善察　文明本脫不在二字、今補正、

（億音憶）此三字疑出後人旁記之詞、非皇疏本文、

不爲覺以求覺諸本求下有先字、恐衍、文明本求下無覺字、義長、

子曰莫我知也夫久原本提行、

天地無怨責故亦不怨責也延德本無下有可字、久原本文庫一本可作所、久原本桃華齋本竝有所字可字、故下諸本有我字、文明本無、根本本此句作天地無可怨責、故我亦不怨責也、義優、

不過季孫爲甚拒之久原本甚作其、恐非、

則逆區區之誠桃華齋本誠作誡、恐非、

子曰賢者避世桃華齋本久原本提行、

枕石漱流 諸本作枕流漱石、恐非、文明本清熙園本作枕石漱流、是、

此避言之士也 文明本言下無之士二字、今據清熙園本久原本補正、

荷簣 根本本簣作蕢、與邢疏本同、吉田篁墩云、皇疏本及本邦舊集解本竝作簣、

荷篠長沮 延德本久原本清熙園本本篠作簣、誤、

必有以也 久原本桃華齋本以作故、

未有如荷簣之談譏甚也 談字恐衍、上文云孔子聞荷簣譏己而此語也、又云、若就彼中人求無譏者則爲難矣、參上二例、此文亦當作未有如荷簣之譏甚也、下文引江熙云隱者之談夫子云云、玩其文義、談字疑譏字之譌、蓋舊本譏或誤作談、後人旁記譏字以改之、而鈔手無識、遂併誤校字存之也、

荷蕢之聽以爲硜硜　有不爲齋本聽作敢、按此句與上文彼未解我意而此便譏我、此則爲果敢之甚也句相應、則作荷蕢之敢者是、

言其未達耶　耶疑時字之譌、按何注此硜硜徒信己句下疏云、徒空也、時既不行而猶空信己道欲行之、由此證之、耶當作時、

聖人作而萬物都覩　都字恐衍、易傳聖人作而萬物覩、是其證、

隱者之談夫子各致此出處不乎　談恐譏字之訛、各致出處不乎六字義未詳、

上好禮則民使之也　清熙園本久原本也上無之字、桃華齋本之作夫、

民莫敢不敬故易使之也　此十字諸本竝爲大字、唯文明本爲小字、

論語義疏校勘記

按此十字是何注、非疏文、則文明本寫作小字、違於全書體例、然見鄭灼禮記子本疏義卷子殘本經注與疏竝單行、字大小又同、其體式與唐單疏本正義相似、但唐正義止標經注起止、而灼疏則全舉經注、是爲異耳、灼嘗受業皇侃、疏義蓋鈔錄其師說、稍加己意者、則知皇疏原式固如灼疏、現存諸本經注大字單行、疏文小字雙行者、乃後人所改、文明本此處不行、大寫何注者、仍存其舊式也、

孔安國曰人謂朋友九族也 文明本曰下無人字、恐非、他本皆有、正平板亦同、今據補正、

不拘禮教 桃華齋本教作敬、恐非、

進益之道也與 文明本句末無與字、桃華齋本道下無也字、竝非、今據清熙園

本延德本補正、

論語義疏校勘記

論語義疏卷第八

論語衛靈公第十五

軍旅之事未之學也　桃華齋本久原本此下更小寫軍旅之事未知學也八字、以連疏文、疏文先釋經文、次出鄭玄曰萬二千五百人爲軍五百人爲旅也十八字、而疏釋之、次又大寫鄭玄曰萬二千五百人爲軍五百人爲旅也軍旅末事本未立則不可教以末事也三十二字、注下止疏軍旅末事以下十五字、其上十八字則與上疏所出鄭注文全同、按今本皇疏後人據集解本所改寫、非其原式、說詳條例中、桃華齋本及久原本所有小字軍旅事未知學也八字、蓋皇本原經、其上大字八字則後人據集解本所增、其下原疏中所出鄭注十八字是皇本原注、其下周禮小司徒等二十二字即其疏文、次大字鄭注三十二字中、唯後分十五字是

皇本原注、而前分十八字則後人所增、故其下所疏不復涉前分也、蓋皇氏原兩分鄭注、先疏前分、後及後分、後人改寫之際、以其前分誤爲疏文、故後分上又增前分十八字耳、

君子亦窮乎　桃華齋本久原本根本本窮上有有字、按疏文無有字者是、

非與與不定辭也　桃華齋本久原本不重與字、定下有之字、

爲問絕糧而發之也　桃華齋本久原本發上有譏字、根本本之作者、恐非、

問人立身居世修善若爲事　若字疑當在問字下、

所行亦皆不行　桃華齋本久原本句末有從字、恐衍、

見其倚於衡也　桃華齋本句末有也字、

韜光匿智而懷藏　文明本而作也、恐非、今據桃華齋本久原本改正、

而已不與之言文明本不下有可字、旁注異本無、今據削正、

是失我之言者也文明本誤倒之言二字、今据桃華齋本久原本改正、

天子自有五輅一曰玉諸本玉下有輅字、唯文永鈔集解本（此本今殘闕、唯第七卷存醍醐三寶院、第八卷則雲村文庫中物、今所據雲村文庫本也、）背記所引皇疏無、參下文無輅字者是、今據削正、

孔安國曰鄭聲云云此下引樂記文與今本不同、根本本就今本補正、今姑仍鈔本之舊、

行及合禮而言出之諸鈔本行上有行之二字、恐衍、今據久原文庫一本削正、根本本行下有之字、之下無行字、又通、

論語義疏校勘記

行信合禮而言遜順云云根本本信作之、義長、

君子之人但病諸本此上有苞氏曰三字、古鈔本集解本邢疏本同、文明本清熙園本以爲何注、按里仁篇不患莫己知也求爲可知也章、義與此章相同、而其下苞注與今文不同、則其以爲何注者是、

而責人之也桃華齋本人下無之字、

小人責人延德本桃華齋本句末有也字、

（王肅曰不可以無德而）清熙園本無此注、與正平板同、他本並有、與古鈔集解本及邢疏本同、文明本此處王注十二字在行旁、疑後人所補、

可以終身行者乎也諸本句末無也字、文明本有、

曲法者也清熙園本延德本作由法德已、恐非、

則懸而闕之文明本則作時、誤、今據他本改正、

昔史有此時闕文也此時當作疑則、

以待知者也桃華齋本句末無也字、

以俗多穿鑿也桃華齋本句末無也字、

必備此四者也必有大成量也者下也字疑而字之訛、根本本桃華齋本無必有大成量也六字、又通、

若道同者共謀文明本若作爲、恐非、今据他本改正、

向與師冕言之是禮與也諸鈔本向作而、言之作之言、根本本作向、

按向字而字鈔本多相誤、今依根本本改正、之言二字恐誤倒、今改正、禮與之間文明本有不字、恐衍、今据他本刪正、

論語季氏第十六

陽虎家臣而外叛　桃華齋本久原本叛上無外字、

舍曰欲之而必更爲之辭　桃華齋本久原本舍作捨、參疏文作捨者是、文明本清熙園本作舍、蓋據古鈔集解本正平板所校改、

孔安國曰憂不能安民耳　桃華齋本久原本孔注句末有也字、

輕故禍遲　文明本桃華齋本故上無輕字、恐非、今据他本補正、

友便辟桃華齋本辟作僻、與古鈔集解本正平板合、

恣於自逸忩而遨遊文明本重忩字、恐非、今據清熙園本延德本删正、

言語次第己應及其人忽君之不肯出言此文不可句、據邢疏君子言論及己己應言而不言語、己下衍應字、忽君之三字當作應言之、

猶瞽也桃華齋本久原本也上有者字、

恢疏故不知畏也桃華齋本也上有之字、

孔子曰君子有九思久原本提行、

諮問於事有識者也桃華齋本久原本識作誠、恐非、有上事字、疑衍、

孔子曰見善如不及久原本提行、

隱居以求其志　此下疏十七字桃華齋本久原本在經文行義以達道句下、

志達昏亂　根本本達作違、義長、昏當作世、

故願隱居遁言幽居以求其志也　根本本遁上無居字、考邪

疏無居字者是、

常願道中　諸鈔本中或作申、

揄揚愈盛也　寶德本揄揚作猶揚、文永鈔集解本背記引皇疏作稱揚、按稱猶字與揄字以形相似而誤、文明本作揄揚、揄上衍猶字、今刪正、

伯魚述己學答孔子言未嘗學之詩也　諸鈔本學作舉、也作乎、竝非、今据有不爲齋本改正、詩上之字疑衍、然諸鈔本皆有、今姑仍其舊、

邦君之妻君稱之曰夫人久原文庫一本提行、桃華齋本句末有也字、

故夫人民人稱帶君言之也夫人民人稱五字、當作民人稱夫人、

邢疏云、國中之臣民言則繫君而稱之、是其證、

論語義疏校勘記

論語義疏卷第九

論語陽貨第十七

陽貨爲季氏宰　[文明本貨作氏、恐非、今据他本改正、]

子曰性相近也習相遠也　[文明本句末無也字、他本竝有、今補正、]

夫子莞爾而咲　[咲或作笑、據疏文皇本原當作咲、]

曰未之也已　[清熙園本桃華齋本已上無也字、]

王弼云言如能用我者云云　[延德本桃華齋本此條竝在何注下、]

又爲歷解五事　[桃華齋本事作者、]

故不見冥　[延德本桃華齋本久原本冥作暝、]

經爲之說二譬桃華齋本久原本延德本經作徑、下文我亦經有曰也之經字作亦同、

孔安國曰磷薄也涅可以染皂者乃至**濁亂不能汚**延德本桃華齋本染皂者下汚下竝有也字、涅上有於字、與古鈔集解本同、文明本竝無、與正平板同、

六言六弊清熙園本此章諸弊字皆作蔽、古鈔集解本正平板及邢疏本竝同、桃華齋本皆作弊、文明本則弊蔽互見、據疏文、桃華齋本是、今據改正、

成己之直也清熙園本桃華齋本久原本成上有以字、根本本亦同、

中適爲美桃華齋本適作道、誤、

周南邵南諸鈔本經文作邵南、疏文則作召南、按皇本原作召南、與邢疏本同、現存諸本作邵南者、蓋依古鈔集解、本及正平板所校改

玉珪璋之屬延德本桃華齋本久原本屬下有也字、下文束帛之屬下亦同、文明本無、與正平板同、

今夫子又苦爲之喻清熙園本今作令、苦作若、恐非、

傳云篳門珪窬也根本本窬下也上有窬竇二字、諸鈔本竝無、按左氏襄公十年、篳門閨竇、杜注閨竇小戶、穿壁爲戶、上銳下方、狀如圭也、禮記儒行、篳門圭窬、鄭注圭窬門旁窬也、穿牆作之、如圭矣、是閨竇圭窬義同、竝爲穿牆小戶、論語孔注、穿窬爲穿壁窬牆、與孟子盡心章穿踰之心、趙注爲穿牆踰屋姦利之心者義同、是窬字讀爲踰、與圭窬之窬不同、

今據疏文小人爲盜或穿人屋壁或踰人垣牆語、皇氏亦讀窬爲踰、而此處引篳門圭窬、義實不可解、疑傳云以下數字、是後人旁記之詞、誤入疏中者、非皇疏本文、

鄉原德之賊　延德本桃華齋本久原本賊下有也字、

其未得之　桃華齋本之下有也字、

楚俗言　諸本言下有也字、文明本清熙園本無、

苞氏曰肆極意敢言也　延德本桃華齋本言下有之字、

今之矜也忿戾　延德本桃華齋本戾下有也字、

則復之者至矣　桃華齋本復作反、

子曰惡紫之奪朱　桃華齋本提行、清熙園本此處欄眉記巧言令色鮮矣仁七字及

王肅曰巧言無實令色無質十一字、久原文庫本則置之欄內、按此經注十八字據古鈔集解本所補、非皇本之舊、

以邪人奪正人　文明本清熙園本邪下無人字、恐非、今据他本補正、

亂雅樂　延德本桃華齋本樂下有也字、

孺悲欲見孔子　桃華齋本久原本提行、

孺悲魯人也　桃華齋本無此五字、

辭唯有疾而不往　延德本久原本辭上有若字、根本本同、

恐孺悲問疾差　清熙園本問作伺、恐非、

孔子辭疾非實　延德本桃華齋本實下有疾字、

論語義疏校勘記

鑽燧改火　弘決外典鈔引此下疏文云、鑽燧者鑽木取火之名也、改火者年有四時、四時所鑽之木不同、改火之木隨五行之色而變也、榆柳色青、春是木、木色青、故春用榆柳也、棗杏色赤、故夏用之、桑柘章夜反色黄、故季夏用之、柞子各反楢羊久反又音由色白、故秋用之、槐檀徒干反色黑、故冬用之、若依時食其火、則得氣宜、人無災厲也、按此文比本疏甚略、外典鈔所引有刪節也、但其內所注音釋四事、則本疏所無、參之陸氏釋文大略相同、疑是後人依本釋文所補、非皇本原有也、

月令有更火之文　桃華齋本久原本火下無之文二字、與古鈔集解本及正平板同、他本作更火之文、與邢疏本同、

(上樂音屋)　文明本旁注異本無此四字、延德本桃華齋本與異本同、疑四字出後人

旁詞、非皇疏本文、

繆播曰爾時禮壞樂崩邢疏引作繆播作繆協、

若會是無業而能有棊奕清熙園本會作曾、業作事、桃華齋本作棊碁、

爲其無所據樂文明本清熙園本此注爲何注、與正平板及古鈔集解本同、他本爲馬注、與邢疏本同、

有所憎疾以不乎延德本桃華齋本久原本疾作惡、

孔子所惡者有四清熙園本延德本桃華齋本者下無有字、

論語義疏校勘記

論語微子第十八

微子紂之庶兄延德本桃華齋本兄下有也字、

仁者愛人三人行各異而同稱仁以其俱在憂亂

寧民也延德久原桃華齋篁墩根本諸本此上有馬融曰三字、筆解引下二句爲孔注、

枉曲也又對或人也延德本桃華齋本久原本枉曲也三字在又對或人也句下、

齊景公待孔子桃華齋本久原本提行、

故曰衰之也延德本久原本桃華齋本衰下無之字、

對共清言則非狂也達其懷於議者延德桃華齋久原根

本四本清作情、桃華齋本懷作憶、按此文未詳、

宛叔諸鈔本宛叔或作宛升、根本本作范升、按後漢書范升傳、范升字辯卿、代郡人、九歲通論語孝經、疏文所引疑是人、

耒是今之鉤鎛文明本鉤鎛作鉤轉、延德本久原本作耨鎛、按轉即鎛之訛、鎛田器也、

耜是今之鏵鏵當作鍤、說文云、耜臿也、臿鍤通、

孔子何事周流者乎延德本桃華齋本事作是、

孔安國曰隱居於山林桃華齋本無此注、

不自必道得行篁墩本作不必自道得行、

論語義疏校勘記

朱長　諸本朱長作朱張、唯文明本清熙園本作朱長、按疏引王弼說、諸本皆作朱張、則作朱長者非、堯曰篇子張問政之張字、清熙園本亦誤作長、

不辱其身者　清熙園本桃華齋本身下無者字、

行應思慮若此而已　桃華齋久原延德三本若作如、句末有矣字、

豈以此自目己之所異哉　諸鈔本自目己之四字作目目也己、今據根本本改正、

然周禮大司樂云云　以下卅四字延德久原桃華齋三本在苞德注下、

苞氏曰三飯　延德久原桃華齋三本苞氏作孔安國、

播鞀武　文明本經文鞀、疏文則鞀鞉互見、有不爲齋本經疏竝作鼗、阮元云、說文鞀或从兆作鞉、

或从鼓从兆作鼗、鼗乃鼗之變體、今按釋文出鼗云、亦作鞉、有不爲齋本與釋文及邢疏同、文

明本經作鞀、與正平板同、疏或作鞉、與陸氏引一本同、

周公語魯公諸本語作謂、唯文明本及清熙園本作語、與正平板同、

是周公顧命魯公所以之辭也所以二字當在周公下顧命上、

論語義疏校勘記

論語義疏卷第十

論語子張第十九　何晏集解　凡廿四章　凡廿五章

文明本何晏集解下双注章數八字、與正平板
合、桃華齋本作凡廿五章疏廿四章、古鈔集解
本同、古鈔集解本双
注所謂疏即皇疏、

此是第一根本本此上有此篇凡二十四章、大
分爲五段、總明弟子稟仰記言行、皆
可軌則、第一先述子張語、第二子夏語、第三子
游語、第四曾參語、第五子貢語五十三字、此是
第一下有子張語三字、與下二章訖此是子張
語是第一、及此下是第二是子夏語自有十一
章等諸條相應、今按全書例、微子以上十八篇、
皆唯疏釋其義而不分章段、子張堯曰二篇則
每篇先分別章段而後疏釋之、其體與佛書講
疏相類、疑二篇內立段分章之詞、皆出五山僧

論語義疏校勘記

徒講此書者之手、非皇疏本文、文明本此處無五十餘字者、獨仍其舊、下諸條則否、

當以死救之 文明本旁注救異本作致、按作致者非、

如上四事 桃華齋本久原本作四事如上、按此四字、與下爲士如此四字文義繁重、疑後人旁注誤入疏中者、

子張曰執德不弘 桃華齋本久原本提行、

二章訖此 文明本清熙園本訖誤作說、今據他本改正、

孔安國曰問問與人交接之道也 諸鈔本不重問字、與古鈔集解本及邢疏本同、文明本重之、與正平板同、

其不可者距 桃華齋本距作拒、與邢疏本同、

王肅曰子夏所云敵體之交桃華齋本久原本誤脫交字、

是以君子不爲也文明本句末無也字、諸本皆有、正平板亦同、今據補正、

不貽厥孫謀文明本旁注異本謀作謨、諸本皆與文明本同、按此五字本詩大雅文王有聲語、毛詩貽作詒、列女傳引詩作貽、與皇疏同、

日知未聞也桃華齋本久原本知下有其字、

子夏曰博學而篤行桃華齋本久原本提行、

切問於己所學而桃華齋本學下無而字、與邢本疏本同、

於所學者不精篁墩本學作習、與邢疏本同、

子夏曰百工居肆桃華齋本久原本提行、

論語義疏校勘記

居肆則是見廣桃華齋本則下無是字、

小人之過也必則文桃華齋本必下無則字、與邢疏本同、文明本久原本篁墩本根本本竝有、阮元云、必則文義頗難通、攷文所載古本本作則必文、古本與皇本悉合、皇本亦疑作則必、今按據疏文、桃華齋本無則字者是、文明諸本必下有則字、蓋舊據集解異本必旁添則字、而鈔手無識、遂誤置必字下也、

君不信其言其言諸鈔本竝如此、根本本下其言二字改作以爲、今按其言當作且言、且其以形相似而誤、

易貴乎在道桃華齋本久原本根本本易下有曰字、

子夏曰大德不踰閑桃華齋本久原本提行、

孔安國曰小德清熙園本無孔安國曰四字、他本皆有、桃華齋本久原本此下疏文本九字在孔注前、

噫心不平之聲也文明本旁注異本噫下無心字、與攷文本所載古本同、諸鈔本竝有、古鈔集解本正平板及邢疏本同、玩疏文、皇本原無心字、現存諸本有之、疑後人所校補、

子游曰喪致乎哀而止桃華齋本久原本提行、

毀不滅性也文明本旁注異本滅作傷、吉田篁墩曰、毀不滅性孝經文、然滅性以猶煩解、易以傷字、兼寓訓釋之義、先儒注中間有此例、此注蓋此類、今按據皇疏、孝子不得過哀以滅性語、則皇本原不作傷性、異本作傷性者、蓋據古鈔集解本所校改、

曾子曰堂堂乎張也桃華齋本久原本提行、

論語義疏校勘記

其事在下 桃華齋本久原本下下有文也二字、

是難也 文明本難旁添能字、疑依邢疏本所校補、

不忍改之 久原本改下有追字、恐衍、

在諒陰之中 桃華齋本久原本陰作闇、與古鈔集解本及正平板合、文明本清熙園本作陰、與邢疏本同、

典獄官也 篁墩本官上有之字、與邢疏本合、他本竝無、與古鈔集解本及正平板同、按据疏文、皇本原無之字、

當于爾時 桃華齋本久原本爾作其、

有君無臣 文明本重君字、恐非、今據他本刪正、

如蔡謨意是文明本意下衍若字、今據他本刪正、

公孫問意故嫌桃華齋本久原本故作政、根本本亦同、

不賢者則學識文武之道小者也桃華齋本不上有若字、小下無者字、上文大者也之者字亦同、

孔安國曰無所不從學久原本篁墩本從下有其字、恐衍、

若有識之士視覩於汝文明本覩誤作都、今依他本改正、桃華齋本覩下無於字、

適自見其不知量也文明本旁注異本自上無適字、異本恐非、

汝何每事事崇述仲尼乎文明本桃華齋本久原本每作忽、根本本

論語義疏校勘記

作爲、竝非、今據清熙園本改正、每事下諸本竝衍一事字、邢疏云、子貢每事稱譽其師云云、卽證其、

故云導之斯行也文明本云下脫導之二字、今据久原本桃華齋本補正、

其生也榮桃華齋本篁墩本榮下有也字、

時物咸哀也久原本咸哀作哀感、

論語堯曰第二十

則取治之法則同也文明本法上衍目字、今據清熙園本削正、

言舜之德美兼合文明本合作令、旁注異本作合、今從異本、

應天從民文明本從作導、今據諸本改正、

此伐桀告天文也桃華齋本句末無也字、久原本末四字作告天也文、按慈眼刊集解本作告天之文、則久原本天下也字卽之字之訛、

不可陰蔽也文明本陰作鄣、今從他本、

湯言我自有罪久原本桃華齋本根本本我下有身若二字、按文明本自字疑身字之譌、身下有若字、又通、

周家受大賜桃華齋本受下無大字、

雖有周親不如仁人此下諸本有小字已上尙書第六泰誓中文十字、文明本添之行旁、按此下經百姓有過在予一人二句、亦僞泰誓篇中之文、而此二句特稱爲泰誓文、義不

可通、疑是後人旁注誤入疏中、非皇疏本文、

必有祿爵也桃華齋本爵作位、

使之行商容桃華齋本旁注異本容作禮、

周告天文少異於殷諸本異上有其字、恐衍、今據清熙園本削正、

存其體不錄備也文明本備作修、根本本亦同、今據他本改正、

苞氏曰權稱也久原本桃華齋本稱作秤、疏同、廣韵秤稱之俗字、

若賢人之世文明本清熙園本世作次、恐非、今據他本改正、

使得仍享祀也文明本使作便、仍作皈、竝非、

重喪所以盡哀諸本盡下有其字、文明本無、按文明本無其字、與古鈔集解本及正

平板同、

公則民悅文明本旁注異本此上有信則民任焉五字、按皇疏本皆無此五字、疏亦不訓釋之、則文明本所引異本、即集解本、非皇疏本、

百姓皆歡悅也文明本旁注異本悅作欣、

子張問政清熙園本張作長、恐非、

諸聖之尊也桃華齋本尊作事、根本本作義、

民甘心無怨諸本甘作其、恐非、今據清熙園本改正、

陵彼之寡少也文明本陵作張、桃華齋本作淩、他本竝作陵、

雖衆大而愈敬寡少諸本敬上有我字、恐衍、今削正、

不以寡少而慢之也　桃華齋本旁注異本之作人、與慈眼刊集解本同、

視瞻無囘也　文明本旁注異本囘下有邪字、

若思以爲容也　諸鈔本爲作若、根本本作爲、按爲若二字鈔本多相誤、根本本作爲、義長、若思上亦疑脫儼字、皇氏此解、蓋本曲禮儼若思句、

與民無信　文明本旁注民下有先字、恐非、

期不申勑丁寧　根本本久原本勑作勗、

論語義疏校勘記終

吉田鋭雄校字

論語義疏正誤表

篇名	葉	行	誤	正
皇序	二裏	六	拜錄	并錄
爲政	十六表	六	而巳	而已
同	十六裏	二		拱之也〇
同	二十裏	二	一人有、	點餇
八佾	二裏	九	而巳	而已
同	三裏	八	本貴	本意
同	五裏	四		有爭也〇
同	十三裏	九		和容也〇
同	十五裏	六、七	窈窕	窈窕
同	同	七	哀耳	哀而
同	十七表	九	其事巳	其事已
同	二十裏	二		官名也〇
同	同	八		得見者也〇
里仁	二四表	三		安仁也〇
里仁	二七表、三三表	七、二	殷中湛	殷仲堪
公冶長	一表	三	疏	圈餇
同	一裏	七、八	嗤嗤	嗤嗤
同	十裏	五	深徵	深微
同	十二表	八	拱斗	栱斗
同	十二裏	三、五	薄櫨	薄櫨
同	十三表	二、三	敎	敎
雍也	二一裏	九	曰籔	曰藪
述而	十二表	八	遽有	遽有
泰伯	二一表	三	糀糠	粃糠
子罕	二裏	六	周末	周末
同	五裏	七	于鄙	于鄙
同	八表	四	及發	乃發
同	十八裏	八	康棣	唐棣
鄉黨	二五裏	三	孝工記	考工記
同	二七表	三	故裳	故裘
先進	八裏	七	故請	故謂

先進	十一裏	八	亦善人	答善人
同	二一表	九	赤之	赤也
同	二一裏	一	以亦	以赤
顏淵	二九裏	三	能以	能復以
同	三五表	九	觸惑	觸威
子路	四表	七	稼娶	嫁娶
憲問	一九裏	二	殷中堪	殷仲堪
同	二五表	七	見利取	取字衍
衞靈公	六裏	八	辭過	辟過
季氏	十九裏	四	今日伐取	今日不伐取
同	二一表	四	離折	離析
同	同	六	離拆	離析
陽貨	七裏	六	其告也	具告也
同	十四表	三	宜降	宜除
同	十九表	九	爲安也	爲惡也
子張	五裏	六	子夏云々	項格
同	十二裏	六	遠者至	遠者來至
堯曰	十四裏	一	猶用黑牡、	點削
同	同	六		引湯誓。
同	同	七	乙以爲殷家法	乙字衍
同	十五裏	八	微子來。	微子。來
跋	一裏	三	皇朝	皇上空一格
校勘記	五裏	五	自覺也	自覺悟也
	七表	一	明友	朋友
	十二裏	一	諸史	書史
	同	一	史當作子	書史當作諸子
	十四裏	一	潜上者	僭上者
	二二表	一左	作朽	作杇
	三六表	一	異同	異本同
	三六裏	一	無乎本	無乎字
	四三裏	八	傷作易	傷作昜
	六五表	九	孔子曰云々	項格
	六九裏	九	樂音屋	樂音岳

校論語義疏雜識

關於梁皇侃論語義疏

[日] 武内義雄

一、論語義疏之來歷

論語義疏十卷之撰者皇侃，吴郡人，梁國子助教也。拜員外散騎侍郎，大同十一年（西曆五四三），年五十八歲而卒。其人自少好學，師事賀瑒，精於三禮、論語、孝經，所著禮記講經疏五十卷、論語義疏十卷，見重於當世（梁書四十八、南史七十一）。侃之弟子鄭灼（字茂昭），傳侃學，精通三禮，日夜勉勵，手鈔義

疏云（南史儒林傳）。

據隋唐志，皇侃於禮記、論語之外，尚有孝經義疏三卷，今亡矣，邢疏中不過存其佚文十八條。禮記疏據本傳有五十卷，隋志録二本，即「禮記義疏九十九卷，皇侃撰。禮記講疏四十八卷，皇侃撰」。兩唐志載兩本，而講疏爲一百卷，義疏爲五十卷，今亦亡。馬國翰從禮記正義中輯其佚文，然五十卷與百卷之關係不明。幸我國嘗因島田蕃根翁之勸，歸於田中光顯伯之手，後寄贈於早稻田大學，内禮記子本疏義第五十九喪服小記之殘卷現存，可能解決此問。所謂子本疏義者，不著録於隋唐志，其内容與引用於禮記正義中之皇侃義疏一致。依喪服小記在第五十九卷而推測，即是當於兩唐志所謂禮記講疏一百卷之樣子。然調查其内容，在此殘卷之中，徵引王肅、蔡謨、賀瑒、崔靈恩諸人之説，其外冠以「灼案」、「灼謂」之字，有引伸皇説而傳演之部分。由此點而考之，此書即百卷本之義疏，乃非皇侃之原本，而侃之門人鄭灼拮据勉勵而鈔寫之義疏，皇疏以外加以鄭灼之説者。從而隋唐志之四十八卷本、兩唐志之五十卷本，即爲皇侃之原本。隋志之九十九卷本、兩唐志之百卷本，乃誤鄭灼所鈔本，而被以皇侃之名者也，子本疏義乃其別稱。子本疏義之殘卷在古文舊書考定爲我國天平寶字時之寫本，羅叔言據其紙質而斷定爲六朝寫

本（景印子本疏義跋）。由此觀之，羅氏之説甚當。從而其殘卷尚存六朝義疏之原形，尤爲窺皇侃義疏體裁之好資料焉。

論語義疏十卷，著録於隋唐志，引證於陸氏釋文，被引於五代丘光庭之兼明書，載於宋晁公武之郡齋讀書志、尤袤之遂初堂書目。南宋之初，中國當尚有存者，陳氏書録解題漏之。乾、淳以後，學者一無徵引，其後不久遂亡。據鄒伯奇論語義疏跋（學海堂集），朱子論語要義序謂「邢昺等取皇侃疏，約而修之，以爲正義」，指出朱注與皇説相合之點十條，又證明朱子與尤延之有交際，朱文公作集注之際，實參考皇疏云云。陳澧東塾讀書記云「子曰由知德者鮮矣」條下，何晏載王肅説，皇侃不從之，且皇説比王説爲勝。朱注却從王肅而不取皇疏，此乃朱子不見皇疏之證。鄒、陳二家之説不知孰當，然南宋以後，皇疏已經散佚甚明。

皇侃義疏之傳於我國，始自何時，無明瞭之記載。日本國見在書目既被著録，載於本朝文粹，延喜八年菅原淳茂之對策中有「公冶之反衛國受縲紲於烏語」句；又康保五年，源順之讀論語詩中有據皇侃序之句；正曆中，村上天皇之皇子具平親王所著之弘決外典鈔，引用皇疏者甚多。合而考之，自平安朝時，已廣行誦讀，則是可知之事也。而記録清原宣賢講授内容的論語聽塵中，論語序「至順帝之時，

南郡太守馬融亦爲之訓説」條之解釋云：

江家之説云，此處亂脱，古本皆附一、二、三，故云包氏、周氏注張侯論，安國注古論。如此，當中混有古論之事，而不接張侯論之事，亦不接古論之事。此應有「不與齊、魯論同」，「古論唯博士孔安國爲之訓説」，如此，應接古論之事，亦應接張侯論之事。

依據皇侃之説，此條有錯亂，即將馬融訓説視爲張侯論，該江家之説乃據湖月抄（東福寺僧信饒所講述），因是大江匡衡之創説，故可知一條帝之時，江家之論語解釋是依於皇侃者可知。又現存論語鈔本中有年紀最古之正和本（現在岩崎家摩里崧文庫），〔一〕而録皇疏於欄外，是爲清家之家本，蓋清家夙用皇疏者也。又中原家之家本文永鈔本（醍醐三寶院藏其一卷，亦在摩里崧文庫），録皇疏於背記，中原家亦極重皇疏者。又徵於前揭之菅原淳茂及源順之文，則菅家、源家諒亦見皇疏。王朝以來，我國博士家之解論語者皆主皇侃者，近衛帝在康治元年，有藤原賴長讀皇疏之記事，見於台記。後醍醐帝正中元年，花園上皇鈔皇疏，見於宸記。更下足利時代鈔本之現存者過十餘本，則我國之有皇疏，由來久矣。此書板本在

〔一〕編者按：「摩里崧文庫」，應爲「莫理循文庫」，現屬東洋文庫，下同。

寛永四年者，記於古文舊書考，我未得見，其尤廣行者爲寛延三年本於根本遜志（字伯脩，號武夷）之足利藏本而校訂過之本。根本遜志學於徂徠，與山井重鼎（字君彝，號崑崙）同游於足利，相傳後者著七經孟子考文，前者校刊論語皇疏。古文舊書考：家兄青石先生所藏遜志手校之毛刻禮記注疏有「享保庚子秋九月廿四日，與友人紀州山君彝來于足利之學，以上杉憲實所寄進之宋版正義校讎中庸」云云。此傳於山井幹六氏之家，爲君彝手校閩刻十三經注疏之欄外，有「享保九年九月廿四日，與友生伯脩來于足利，以學校所藏五經正義校讎中庸篇，補磨滅」云云。著者在所藏伯脩手寫義疏欄外，見有君彝朱書，則考文、義疏乃二人之所共成者。總之考文與義疏是同時出世，事甚明瞭，而此二書又先後輸入於中國。

七經孟子考文輸入中國之事情，經狩野先生詳細之研究，揭於支那學論叢中，玆無蛇足之必要，今一言而置之。至論語義疏之輸入於中國，是緣孟子七經考文而成，翟灝四書考異記皇疏之事如下：

愚於乾隆辛巳，從菫浦杭先生向小粉場汪氏借閱此書（指孟子七經考文），知彼國尚有皇侃義疏，語於杭，杭初不甚信，反覆諦觀，乃相與東望太息。逡巡十年，衆友互相傳説。武林汪君鵬航海至日本，竟購得以歸，上遺書局。

長塘鮑君廷博槧其副於知不足齋叢書中，以初撫一本見餽，不啻獲珍珠船也。

（四書考異總考三十二）

觀右文則所以知皇侃疏之存於本邦者，因七經孟子考文而輸入於彼土，約在乾隆二十六年辛巳之後十年間事，獻此於遺書局，先收於四庫全書，次爲武英殿覆刻，次爲知不足齋重刊，是廣知者。序所謂堇浦先生是杭世駿，小粉場乃杭郡之地名，汪氏名啓淑，字秀峯，號訒菴，有名飛鴻堂之主人也。汪鵬字翼滄，是屢往來於日本之人。

根本本皇疏之輸入，彼土之學士盛講究之。四庫全書提要之作者，有漢晋經學之一線，由此而存於今之稱揚。其後從事於研究論語之人，殆無不參考之。翻刻七經孟子考文之阮元，於論語校勘記中舉邢本與皇本之異同，其門下鄒伯奇、章鳳翰、潘繼李、桂文燦諸人各作皇疏跋文，桂文燦作論語皇疏考證十卷，又從皇疏中輯江熙之解，編纂爲輯江氏集解二卷（續碑傳集七十五）。又馬國翰從皇侃疏中輯録鄭玄、王朗、王弼、衞瓘、繆播、郭象、欒肇、虞喜、庾翼、李充、范甯、孫綽、梁覬、袁喬、江熙、殷仲堪、張憑、蔡謨、顔延之、釋慧琳、沈驎士、顧歡、太史叔明、褚仲都、沈峭、熊理諸家之説，復成六朝經學之佚書。此種論語古注，

現今無傳者，今乃斷片而再現之，大體上是由此書所留之恩惠矣。提要謂漢晋經學一線，自此書而存者，即是故也。然而尊重之者其半，而懷疑之者亦不可忘。孫志祖讀書脞録稱皇侃論語義疏十卷佚於南宋時，近時古文孝經孔傳由日本傳來，比較衡量二書，孔傳是贋物，皇疏是真物，然其中尚有疑問，例如「子行三軍則誰與」條下，釋文有「皇音餘」，今皇侃疏解「與」字無「餘」音；又「子温而厲」條下，釋文有「皇本作君子」，今皇本亦作「子」，而不作「君子」，恐是日本人所改竄云。其後陳澧東塾讀書記、近簡朝亮之讀書堂答問，同此理由而疑皇疏。然今本釋文其誤者頗多，據盧文弨考證，及晚近發見之敦煌本釋文，是明瞭之事實，此疑皇疏者，早已無問題矣。且孫志祖諸人所見之皇疏，其根本本與舊鈔本異點甚多，由此點而論皇疏之真僞，殊不充分。根本本與舊鈔本之相差，楊守敬之留真譜已説得簡明，試引其文如下：

論語皇侃義疏爲海外逸書真本，無庸擬議，獨怪根本遜志所刊義疏，其體式全同閩、監、毛之邢疏本，按合注於疏始於南宋，今所見十行本邢疏及元元貞刊本邢疏，皆注文雙行，安得皇疏舊本一同明刊之式。此懷疑未釋者，及來此得見皇疏古鈔本數通，乃知其體式迥異刊本。（中略）且其文字爲根

本以他本及邢本校改者，亦失多得少。後有重刊此書者，當據此證之。（留真譜）

根本本既失皇疏之舊式，且被校改，則論皇疏者必不可不從舊鈔本矣。

二、現存皇疏舊鈔本

據載於論語年譜之皇疏舊本，有左之十三種：

一、寶德三年本　德富蘇峰氏藏

二、文明十九年本　大槻文彦氏藏

三、寶勝院本　大槻文彦氏藏

四、足利本　足利學校遺迹圖書館藏

五、桃花齋本　京都　富岡氏藏

六、宫内省圖書寮本

七、尾州德川侯爵家本

八、前田侯爵家本

九、木村正辭氏藏本

十、内野五郎三氏藏本
十一、户水法學博士藏本
十二、故林文學博士藏本
十三、京都大學圖書館本
右十三種之外，余所知者尚有：
十四、文明九年本　京都龍谷大學藏
十五、延德二年本　久原文庫藏
十六、久原文庫本
十七、久原文庫本
十八、清熙園本　尼崎阪本準平氏藏
十九、泊園書院本　故藤澤南岳氏藏
二十、有不爲齋本　故伊藤介夫氏藏
別有諸本在經籍訪古志舉出者：
求古樓本　吉田篁墩舊藏，後歸狩谷掖齋
容安書院本　市野迷庵舊藏，應永間所鈔

弘前星野某所藏本

足利學本

九折堂本　末有「慧極印」「永普記」，天正以前所鈔

右之五種，其中除足利學本外，今皆無有矣。又據古文舊書考，記川越之新井政毅藏有曆應鈔本及寶德鈔本、永正鈔本之三種義疏。殊曆應鈔本是卷子本改摺本，筆畫精妙，結構整善，能存六朝異體之文字，若此本現在尚存，則爲皇疏中第一之善本云。然此本之行款格度及字數等未有言及，未免可疑。余欲根究此本之存否，因前往川越，而訪現今川越圖書館之阿部立郎氏處，乃知新井政毅其人者，是川越麻商店之主人，家本素豐，與島田篁村翁等交親，與淺草文庫大有關係，好古書，志不在家產，今其家已不存，而遺書晚年大分賣，餘物存於川越圖書館云云。乃請於阿部氏拜見遺書，就中見有政毅翁親筆之目録，其中有義疏二部，載明如左：

論語義疏　十册　二十二年一月十六日中丸吕

論語義疏　内一二七八卷學而篇末有寶德三年辛未季辰殘册後人補寫

右二部之内第二之寶德本，入於島田翰氏之手，後歸於德富蘇峰翁所有，現爲德富氏所珍藏。第一種竟究是如何之本，殊不明瞭，在目録衹記有「二十二年一月

十六日中丸吕」之字様。查目録，凡賣去各處之年月及人，皆有記載，則此明治二十二年之中丸吕者，即是讓受人無疑。在寶德本注記其鈔寫之年歲，曆應本不應缺之。由此觀之，則此不是曆應本，而爲别本矣。從而古文舊書考之記事，不能無疑。古文舊書考往往記傳聞之事實，屬於想像之部分居多，先輩諸家已有定評。此義疏之記事，亦是失其信用者也。今以我所知爲限，上文所列齊者，不過二十種。其内我所目覩者，是一、四、五、六及十三至二十，共凡十二本。却説此十二本中，鈔寫之年代明瞭者，爲第一與第十四及第十五，共三本。第一即

寶德本 全書五册之中，第一與第四册是寶德寫本，其他是後人補寫。第一卷爲政篇之尾，記有「寶德三歷辛未春下澣瑞阜補處西榮臨焉」，卷首有「馬氏溯源堂圖書記」「新井氏圖書記」「篁村島田氏家藏圖書」「島田翰讀書記」「德富氏珍藏記」等印記，第七卷末記有「明治己亥之冬獲之於川越新井政毅。島田洗」。序説之尾記有「是書大夫人節衣所獲，卷首捺先大夫圖書者，記不忘其原也。明治癸卯二月，島田翰識於大崎山水緑邨莊，二十五歲。」以上是解明從所有者購換之由來。此本體裁似從論語年譜寫真出，每半葉十行，行二十五字，疏文雙行，美濃版大紙寫。第一卷皇侃序之前録程氏之語，次載朱注史記世家之文，由此點則

證明此本竄入朱注以後之纂圖互注本等。學而篇之前，題有「論語第一、何晏集解、王侃」一行，而鈔手鈔年不詳之。

久原文庫本　分訂十一册，佚去第五述而泰伯之部分，今存十册。其卷首題論語發題，初記孔子家系，次述論語濫觴於孔子，而成於子夏子游之手；次記河南程氏兩夫子表彰禮記中之大學，而爲四書，仍未作注；最後載朱注孔子世家。而學而篇卷首，記撰人何晏集解、皇侃疏，此點與寶德本同。其與寶德本異者，皇侃序是雙行寫，發題之後，有論語圖，設層欄於本文之上，而附注焉，間有新注。此本每半葉九行，行二十字，由其字體紙質推測，當是天文時寫本。從其體裁考之，與大槻氏所藏文明十九年鈔本及寶勝院本（即前載二十種中之第二與第三種）同一系統。

文明十九年本　據其識語，即自文明十九年丁未五月十五日起至八月十八日止，在江州曹源寺之意足菴，所謂周篤僧（當年二十五歲）據周鈞之本而寫者也。寶勝院本有「寶勝院」「光麟」「問津館」「森氏」等印，寶勝院在東福寺塔中，光麟是東福寺百十九世之住持，死於天文五年，此多數是天文時代之寫本。而此二本，我未調查全書，不能明言，大略與久原本同一系，但久原本欄外有注，此二本與寶

德本無之。由此點考察，是唯發題自天文時，採用新注，而加於層欄者。

宮内省圖書寮本　缺皇侃序、何晏之序説，其體裁與久原本同，欄外有注，恐是佚去發題、序、序説之部分。由其書體推測，當是天文時寫本。

泊園書院本　是故藤澤南岳翁藏本，據其紙質筆勢考之，乃德川時代之寫本。從其初有發題及皇侃序雙行寫之點，是與久原本同，但無論語圖及欄外注，寧近於寶德本。而每葉九行，則與久原本同；每行二十六字，則又與寶德本近。從而推想其原本，寶德本比久原本爲古，而每篇之下記何晏集解，注章數於其下，盡與朱注合，殆依於久原本以後而鈔寫者歟。

桃花齋本　是故富岡桃花先生所藏，現屬於其子益太郎氏所珍藏。此本綴爲五册，第一册佚，從别本而補之。其第一册之内容完全與久原本同，從皇序、序説不足之點考察，則是補本亦與發題一并綴爲一册者。而第二册以後，欄外有注，本欄之内容亦近於久原本，但欄外之注分爲三個人手筆，其尤古之部分從久原本者不少，然其後筆之部分，從論語抄之類所迻録，倭文之注與論語聽塵合致。想此本之欄外，分爲一次二次三次增加，最後者加入假名。每卷首有「北固山」「西源禪院卍字堂」「多福文庫」等之印，其爲舊藏本可知。

京大圖書館本　每半葉八行，行二十字，卷首有「天師明經儒」及「宣條」之印記，是清家本。鈔寫年代大概非古，其内容亦近於桃花齋本，無界欄，行傍加新注，但佚第一册，故無發題等。

以上諸本，略同一系統，皆受朱注之影響，是顯然之事。

文明九年本　是京都龍谷大學之藏本，分裝五册。第一册之終，有「文明九年鴈聲寫」字樣，然通覽全書，乃成於三個人所寫，其别筆之部分亦是同時所寫。其書皮之裏面，有「寫字臺藏書記」，是西本寺寫字臺之舊藏甚明。每半葉六行，行二十字，蠹蝕不少。現存義疏之完本，年歲顯明者以此本爲尤古。然此本無發題，欄外無注，每卷首大題之下祇記「梁國子助教吴郡皇侃撰」，而不記何晏集解皇侃疏之部分，其經注文字比前舉諸本，助字不少，疏文多有異同。與此尤近者，是

延德本　此本亦久原文庫所藏，第三卷之尾，記「延德二年冬十二月二十九日」，每卷之首，有「興聖寺公用」之長方印。每半葉九行，行二十字，疏雙行，筆致輕妙。其内容近於文明本，而間有異同，是現存皇疏之善本，可惜佚去第十卷一册，處處剥蝕多。

足利學本　此本所稱爲根本本之原本者，其内容不必與根本一致。此本首卷無皇侃序，直以何晏序説爲始。每半葉九行，行二十字，有「足利學校」「轟文庫」之印。又於睦子之署名，睦子是足利第十一世明徹和尚，死於寬文十二年。此本之鈔寫比較稍先，卷首蓋有足利學校之印記，是足利學第七世九華叟（天正六年寂）所刻，此本鈔年是在九華時代。其本欄外雖有注，然與本欄内者爲別筆，在本欄中間有以他本校改之跡，大體近於文明本系。

清熙園本　尼崎大物町阪本準平氏所藏，阪本氏舊屬尼崎藩文學之後，祖先從江州阪本出而參加於關原役。所謂家柄者，其本於住在江州時所珍藏。每半葉九行，行二十四字，卷首無發題，欄外無注。經文施「倭可拖」點，[一]筆致精巧，誤字脱字亦不少，不記鈔寫年歲，是足利中期末期之寫本。其内容近於文明本，間有與寶德本一致之點。

以上四本中亦有異同，但其不受朱子注之影響是一致者。據朱注影響之有無，而大別舊注之皇疏，分爲前六本與後四本，並假定前六本名寶德本系，後四本曰文明本系。

[一] 編者按：「倭可拖」，即日文訓讀符號，下同。

最後，**久原文庫所藏之一本**　初爲皇侃傳、次皇序、次序説、次學而篇，其鈔年是德川以後，間有值得注目之點。其第一、二、三、七、八等五卷近於文明本系，四、五、六、九、十等五卷似寶德本系，而七卷之末，舉經注文字，全與文明本同，想此本是合二種之系統本而寫者。又

有不爲齋本　是浪華舊儒故伊藤介夫翁所藏，現保管於大阪府立圖書館。從紙質字體推測，乃德川期之寫本。每半葉九行，行二十三字。冠於注文之上，其孔安國、鄭玄等名省略之，祇稱孔曰、鄭曰，此點與邢疏本同。經注文字與邢疏本異，而近於文明本系。想此本但稱注者之姓氏而不名，祇爲省鈔寫之勞而已。

從已見本及未見本而統言之，現存義疏有二種之系統：第一爲寶德本系統，是受朱注之影響者；第二爲文明本或延德本之系統，是不受朱注之影響者，而二系互相校對，覺有種種之岐異。

三、皇疏之原形

皇疏有二種之系統，略如上述，然則其本已竄入邢疏之文者，則非皇侃之原形，

欲還皇疏之原形，必不能不削除之。

邢疏如何而竄入耶？經籍訪古志據弘前星野氏所藏本爲如下之説明：

第二卷八佾篇「射不主皮」條，馬融注「射有五善」下，及「以熊虎豹皮爲之」下，引邢疏文俱冠「裏云」，乃知舊鈔義疏原於唐卷子本，學者以邢疏文録之紙背，後人誤混入之正文。

即舊屬卷子本時，邢疏在皇疏之紙背，改爲册葉本以邢疏竄入於皇疏中者也。古文舊書考云：「川越新井氏所藏之曆應鈔本，邢疏皆記於皇疏之背者，該氏所藏之寶德本及永正本，凡有邢昺云者，亦冠以『裏云』二字。」邢疏在背記之事，可以説明，此説明已無異論，但於舉證上尚有疑點，曆應本之存否今不可知。既如上述，若寶德本所引邢疏皆無「裏云」二字者（或有亦未可知，但余則未見），余所見諸本中，頗有「裏云」二字者，唯久原文庫一本，亦衹見過四處，此本經籍訪古志所指摘者，二條之外，尚有

「子貢欲去告朔之餼羊」下，鄭注「牲生曰餼」條下。

「子曰，事君盡禮，人以爲諂」條下。

所引邢疏，亦冠「裏云」二字，載於經籍訪古志之弘前星野氏藏本與久原文庫

一本想像是同一系之本，邢疏竄入之徑路，可以證明。此外據鈔本而考邢疏入於皇疏之前者，與入於後者，蓋當初本無記入於皇疏之中，嗣從背記而移入，則可想像。欲還皇疏之原形，當削去邢疏竄入之部分，固矣，然單除去之，便能還其原形乎，尚有疑問也。楊守敬留真譜述寶德本之容式云：

又案六朝義疏既有此式，何以唐人五經正義皆不循此轍，余疑皇疏原本亦必標起止，別爲單疏，今此或亦日本人合注於疏者之所爲，而删其所標起止歟。惜此間鈔本，審其紙墨筆勢，皆不出元明之世，無從實證之耳。

今對校舊鈔本皇疏諸本，經注文字多有異同，不僅文字之異同已也。有一本作苞注，他本作何注；一本作鄭注，他本作孔注者；甚至一本有此注，而他無此注者。例如：

（一）學而篇「有子曰，信近於義」章之下，注「恭不合禮，非禮也」云云一條，久原本、桃華齋本作苞注，文明本、延德本、清熙園本作何注。

（二）學而篇末「子曰，不患人之不已知」章下，久原本、桃華齋本、篁墩本（論語集解考異所引）有王肅注一條，延德本與清熙園本無之，文明本雖有此注，墨色異於全書，足利本以朱記此注，後人之附益者可想。

由此等想像，楊守敬之想定，可見其得當。又舊鈔皇疏中經注與疏文之配置，各本每有不同。例如：

子罕篇「子曰，麻冕禮也」章下，文明本作「今純，儉也。今，謂周末孔子時也。純，絲也。周末不復用三十升布也，組織系爲之，故云今也。三十升布，用功巨多云。」延德本、清熙園本、久原本在「今也純」句下有「今謂乃至故云今也」之疏，其下大寫「儉」字，而記「三十外」以下之疏文於其下。

此是其一例，此等亦可想像楊氏說之妥當。然我想像皇疏之原形，與其謂同於五經正義之單疏本，無寧謂同於禮記子本疏義。五經疏義單疏本者，是標舉經注之起止，而置疏文於其下，標舉之字與疏文同大，均用單行寫之。禮記子本疏義則載經注之全文，而加疏文於其間，經與注疏以同大之文字單行寫之，其區別經、注、疏者，前後空一格以相別。據前，子本疏義乃皇侃弟子鄭灼筆寫其師之義疏，而加其自己之說者，是比五經正義單疏本更爲近於皇疏之原式。是皇疏同於子本疏義之形式的想像，爲第一之理由。又據正和鈔集解本之背記，引皇疏有：

疏曰，順帝時，南郡太守馬融亦爲之訓說。後有馬氏，亦注張禹魯論云云。

其「順帝時」以至「爲之訓説」十四字，元來是何晏序之本文，今本皇疏以大字而寫之；「後有馬氏亦注張禹魯論也」十一字，是皇侃疏，今本以小字雙行寫之，在正和本凡皇疏皆用同一樣大之文字寫成。自此點觀察，皇疏之原式乃載經注全文，而疏與經注俱用單行寫之證據。則皇疏之原式想像其同於子本疏義，爲第二之理由。又文明本憲問篇：

子曰，上好禮，民易使也。禮以敬爲主。君既好禮，則民莫敢不敬，故易使也。

別本疏文之上有何注「民莫敢不敬故易使也」九個字，是大寫者。文明本無何注之此九字，恐文明本之所本，是疏與注同一樣大而寫之，且爲同文之故，故誤會爲疏文之重複而删之。此爲皇疏之原式同於子本疏義之想像，爲第三理由。又衞靈公篇有：

「軍旅之事，未之學也。」軍旅之事未知學也，拒之故云不嘗學軍旅也。鄭玄曰，萬二千五百人爲軍，五百人爲旅也。周禮小司徒職云，五人爲伍，五伍爲兩，四兩爲卒，五卒爲旅，五旅爲師，五師爲軍也。

「鄭玄曰，萬二千五百人爲軍，五百人爲旅也。」軍旅末事，本未立，則不可教以末事也。本謂文教也，靈公未能文，故不教之武者也。

在小字雙行之中，「軍旅」至「旅也」之部分，是皇侃之經文。「鄭玄曰」至「爲旅也」之部分，是鄭注。而經文及注文，加「」之部分，是改寫成爲現今之原形。觀皇本之經與注，而疏文可想，其他是從集解補足者。此補足之結果，成爲經文與注文重複，此是從皇疏之原本變成今日通行本之理由。其誤之所由生，則因其原式是子本疏義之形式，在後不能不改寫之故，是皇疏之原式同於子本疏義之想像，爲第四之理由。

又舊鈔皇疏本中經注之文字多有異同，而其間不見於集解本者，是其共通點。例如堯曰篇，於「寬則得衆，敏則有功，公則民悦」等句，集解本在「公則民悦」句之上，有「信則民任」一句，皇疏本皆無此句，又無疏釋此句之文，想皇侃本原始即已缺此句。照楊氏説，現今皇本之經注，是以集解本填充者，是有此句者，乃與事實相反。此皇疏之原式想如子本疏義具足經注全文，爲第五之理由。

又陸氏釋文，於論語之異字中有「皇本作某某」，是皇本素來完具經注之證據。是皇疏之原式同於子本疏義，爲第六之理由。

以上六條之理由，爲余想像皇疏之原式同於子本疏義之證據，而現存皇疏諸本，乃後人因觀覽之便，所以改爲經注用大字，疏文用小字之形式。

四、經注之異同

現存皇疏諸本之間，不僅注文有不同，即經注文字亦有許多相差者。因以皇疏之原式，改寫今形時，是對照於集解本而改者。又因後之讀者，據種種之集解本而校改者亦有之。余目覩之皇疏本中，清熙園本之經注附有「倭可拖」點，其文字有似於正和鈔集解本。所謂正和鈔集解本，是現存於本邦論語鈔本中之最古者。弘治三年明經博士清原某之手寫本而轉寫者，今保存於東京岩崎氏東洋文庫，從祕府尊藏嘉曆鈔集解本之跋尾識語，俱寫此本之跋語而更有所加，及從其形式兩本相同之點而察之，此兩本是同系之本，本於清原家之家本可想。而清熙園本皇疏之經注，附「倭可拖」點，其經注據他本而寫定，可以想像，其經注文字與正和鈔集解本吻合者，所以想像清熙園本本於清家之家本。次文明九年本，每卷小題之下署何晏集解，其下注章數一點，及每卷尾注明經文字數，與正平板論語密合，則文明本皇疏，是根據正平板集解本而校訂者可思。據吉田篁墩之論語集解考異所說，皇本與永禄鈔集解本近。所謂永禄鈔集解本者，在今岩崎家東洋文庫存其上

册，此本每篇之初，有説明篇名之文，其文與皇疏文字一致，此本與皇疏密有關係可以證之。比永禄鈔本先約百年之寬正鈔集解本（東洋文庫所藏），何晏序有皇疏，而學而、先進等篇題下，有與本文同筆之皇疏，從爲政至鄉黨諸篇，小題之旁有與本文別筆之皇疏，顔淵以後全無皇疏。而正和鈔集解本何序之旁，記「世論語序有注」。合而考之，永禄鈔本之系統，夙由正和之頃所存，其初於何晏序中散入皇疏，自寬正至永禄時，每篇題之下以皇疏加之。而吉田篁墩以永禄本之皇疏，據其引於論語集解考異之文而考之，實屬寶德本之系，從正和以後至永禄之間，於集解本加皇疏，同時在皇疏本之經注，據永禄本系之集解本而校訂之，即是寶德本、久原文庫本、桃花齋本等之皇疏也。延德本從如何本而校訂，殊不明瞭，此必非皇本經注原有之保存，而受集解本之影響者。足利本余不暇字字校訂，從其要點觀之，已知其不正確，觀其行旁之校語，實以寶德系之本爲根據之原本，是屬於別系之皇疏。由此皇疏與經注不一致之點，現存皇疏（祇在余經見之範圍内）之經注，皆據集解本而校改，不能保皇本之舊，故當阮元及陳鱣校勘論語經注之際，採用根本本之經注皇本以作標準，是無意義。孫志祖、陳澧諸人，以根本本之經文，與釋文所引皇疏不同之點，因而疑疏，可謂相左。要之現存之皇疏，須將經注與

疏分別觀之，其經注是據集解本，或有換入，或有校改，而疏則決非本邦人之所擬作也。從而皇疏本之經注，據疏文而考之，及照諸本疏文之異同而判斷之，大略可復皇本之舊形。

五、疏之衍字

舊鈔皇疏本之經注異同之多既如上述，其疏文亦多誤，多衍文等。舊鈔本既有前人之對校，因據有旁注本而寫定，其衍文之主要原因是由混入旁記文字之結果。例如公冶長篇首之疏：

駐冶長在獄中六十日卒日。

右「卒日」二字，是衍文。久原文庫本於「卒日」之上無「六十日」三字，清熙園本亦無此三字。「獄」字之下有「中」字，「在獄」與「在獄中」其意亦通，「卒日」二字不可解。想皇疏原本，「卒日」作「六十日」三字，後誤「六十」爲「卒」，校讀者記「六十日」三字於行旁而訂正之，寫者以誤文與旁記語並存之耳。又憲問篇，「子路問成人」章下之疏有：

仲尼曰，智之難也。有臧武仲之智，謂能避齊禍，而不容於魯國，抑有由也，作不順而施不恕也夫。夏書曰，念茲在茲，順事恕施也，此是智也。事在春秋第十七卷襄公二十三年也。

之一節，文明本文是如右。久原文庫一本「謂能避齊禍」之上有「杜注曰」三字，桃華齋本旁記「謂能避齊禍」五字是異本注文。今對照於左傳，此五字明是杜注，恐非皇侃之原文，乃後人誤竄入疏記之文者無疑。又「春秋第十七卷」六字，彼土注疏家之引用左傳者不見此例，然余所見之鈔本皆作如此。又憲問篇，「晉文公譎而不正」之下，疏文引用左傳之文「事在僖公二十八年」一條，文明本旁注，異本在字之下有「春秋第七卷」五字，清熙園本與文明本無此五字，而他本皆有。想春秋第幾卷之數字，皆本邦前人記於行旁，後來被竄入於疏文者也。又憲問篇「桓公九合諸侯」之章下

莊九年夏云，小白既先入，而魯猶輔子糾。至秋齊與魯戰於乾時，魯師敗績。鮑叔牙志欲生管仲，乘勝進軍，來告魯曰，子糾親，請君討之，管、召讐也，請受而甘心焉。子糾是我親也，我不忍殺，欲令魯殺之。管仲、召忽，是我欲得而殺之云云。

諸鈔本皆是同樣，「子糾親」以下十七字是左傳舊文。對考前後，以下「子糾是我親也我不忍殺」以下云云，乃是皇疏原文。「子糾親」以下之十七字，是後人從旁注中竄入者。以上是本於左傳之旁注竄入疏文之一例。

又有本於陸氏釋文之旁注而竄入疏文中者，例如公治長章孔安國注「公治長弟子，魯人，姓公冶，名長」之下，諸鈔本引陸氏釋文一條，如下

范甯曰，名芝，字子長也。

此范甯説，清熙園本無之。然此文與陸氏釋文一致，恐是據釋文而寫於行右，爲旁注之辭，後竄入於皇疏中者也。此外以陸氏音義竄入於疏中者，其部分當亦不少。例如公冶長篇，「令尹子文三仕爲令尹」章下之孔注有「令尹子文……字於菟」其下皇疏有

楚人謂乳爲㝅，謂虎爲於菟，音塗。

根本本「音塗」二字作「音烏塗」，而釋文作「於音烏，菟音塗」。

又雍也篇「子謂仲弓」章下，疏有

犂牛文也，雜文曰犂，或音狸，狸雜文也，或音犂，謂耕牛也。

何晏「注犂雜文也」，皇侃演何注曰「犂牛文也，雜文曰犂」，其下又曰「或

音狸，狸雜文也」，已有重複之嫌矣，而其下更有「或音犁，謂耕牛也」七字，是爲異説。皇疏之例，凡有異説者，先述長短各説而後述其取捨之理由。此條敷衍何注，及直述異説耳。從全書體例觀之，此等部分既與釋文語一致，則是從旁注之釋文而攙入者矣。又陽貨篇「宰我問三喪」章下之疏文，被引於具平親王之弘決外典鈔，皇疏原文與外典鈔之引用文頗有異同，試對照兩文如下。

皇疏	外典鈔引皇疏
鑽燧者，鑽木取火之名也。内則云，小觿木燧是也。改火者，年有四時，四時所鑽之木不同，若一年則鑽之一周，變改已遍也。…… 改火之木，隨五行之色而變也。榆柳色青，春是木，木色青，故春用榆柳也。棗杏色赤，夏是火，火色赤，故夏用	鑽燧者，鑽木取火之名也。改火者，年有四時，四時所鑽之木不同。 改火之木，隨五行之色而變也。榆柳色青，春是木色青，故春用榆柳也。棗杏色赤，故夏用之。桑柘（章夜反）

棗杏也。桑柘色黄，季夏是土，土色黄，故季夏用桑柘也。柞楢色白，秋是金，金色白，故秋用柞楢也。槐檀色黑，冬是水，水色黑，故冬用槐檀也。所以一年必改火者，人若依時而食其火，則得氣又宜，令人無災厲也。
色黄，故季夏用之。柞（子各反）楢（羊久反，又音由）色白。故秋用之。槐檀（徒干反）色黑，故冬用之。若依時而食其火，則得氣宜人，無災厲也。

右文兩相比較，被引於外典鈔之皇疏中有删節，甚是明瞭。蓋外典鈔由無音之舊鈔皇疏割注而成者也，而論語釋文其狀如下：

柘章夜反。柞楢上子各反，下羊久反，又音由。槐音懷。

此釋文之音大部分引於外典鈔，與皇疏之音一致之點而考之，更附記釋文於舊鈔集解本論語之行旁者。合而考之，凡皇疏中之有音者，大抵先是以釋文之音記於行右，後來以此等音攙入於疏中焉。外典鈔之音非成於本文，而成割注，適表示以釋文之音竄入於疏文之逕路。由是可顯明皇疏中之音，皆從旁注中之釋文而竄入，

不難想像而知之。

陸氏釋文述而篇「子行三軍」章下，有「與皇音餘」，而清儒翟灝據此謂皇侃別有論語音之專著（四書考異），余蕭客亦想像皇侃音釋之有存（古經解鉤沉），鄒伯奇指明存於根本本中之音，且謂隋志不著録皇侃音之理由在皇疏内，以皇疏已有音釋之故（學海堂三集）。然釋文所引皇音是根本本，而非舊鈔本，且與皇侃之解釋矛盾，此是今釋文本之誤。如翟灝所謂皇侃音之專著今已難考，又存於根本本之音，如上所述，實非皇疏之本來。有由釋文竄入者，鄒伯奇以皇疏内有音，實無證據。據禮記子本疏義亦無音釋一層，則皇疏之無音釋，更可想像矣。

六、餘説

要之現存於我國之皇侃論語義疏，凡經我所目覩者，其經注與皇侃之原本實有差異，而疏文則略能信用，但其中由旁記之竄入，與從邢疏之分附之部分，不能不歸於删除。又有應附加之點，如何晏序説之疏，現在根本本所有之部分以外，尚有「又曰」「云云」，此邢疏所無，而見於他之注釋解者，有十餘條。此等之解，

在根本本之原本的足利學本儼然存在，不知根本氏何故削除之。而其所削去之部分，如官名解等，想實爲皇侃所有，即足利末期所著成，如宣賢之論語聽塵、湖月之論語抄，其所徵引皇疏，目此等爲皇侃異説，至實屬當。且即非出於皇侃，亦必是古説，有考鏡之價値，余寧存而不削之。又例如古論語二十一篇，篇之次第，鄉黨第二，雍也第三等，皇侃自序及何晏序説下之疏（根本氏削去之部分）亦當存之，更皇疏中指出篇内有辭句之倒置，及古論微子篇無「巧言」章，[一]子罕篇無「主忠信」章，憲問篇無「君子恥其言」章，述而篇無「是日哭則不歌」章，鄉黨篇無「色斯舉矣」章等，見於他之解釋書，實爲重要之問題。以我之淺見寡聞，此等想爲根本氏之所削去，然我以爲與其過而削之也，無寧過而存之。劉寶楠論語正義謂古論篇次與魯論異者，除皇侃序説之外别無證據，且皇侃疏經日本人之竄改，此説殊不足信云云。又如「又曰」「云云」之諸條，考得爲侃録其以前之舊説，此均是提供反對劉説之一資料。

右大正十一年，在大阪懷德堂，緣孔子二千四百年祭之紀念，爲論語義疏之發刊，而余當校訂之役，乃比較諸家之古鈔本而觀之，舉其相互間之異同，

[一]　編者案：今通行之論語亦無此「巧言」章，想必有誤。

發生種種疑問，與其難决之點不少，特試行判斷，而成此篇，揭載於支那學志。嗣覺其中猶有未詳者，不勝雞肋之情，整理舊稿而再登之。（大正十五年九月十三日附識。）

編者按：此文原載江俠庵先秦經籍考，原譯者偶有脱漏疏誤，今據武内義雄全集校改，蘇枕書女士爲校改提供了許多語言及專業方面的幫助，謹致謝忱！

論語皇疏考證

論語皇疏考證十卷 〔清〕桂文燦撰
民國二十九年（一九四〇）鉛印本
中山大學圖書館藏

論語皇疏考證卷一

南海桂文燦撰

論語義疏十卷梁皇侃箸晁氏郡齋讀書志謂邢疏因皇疏而撰定皇疏久佚故二疏之異同優劣昔人莫得而考之近始得于日本國中浙江鮑氏以文刊以行世此書軼事舊聞多資考訂文字異同多可遵從且徵引遺說至數十家博采兼收網羅富有洵何氏之功臣而後學之津梁已惟知者千慮必有一失舛譌之處時見卷中文燦嘗證其所長考其所短皆平心以求其是不敢存墨守之見仍依皇氏釐爲十卷治論語者倘其訂之乾隆中奉詔重刊十三經注疏及岳氏五經注本並命文學諸臣各附考證于後數十年來學者宗之異時倘有重刊皇疏者或以拙語附于卷末則固未敢自信也道光二十五年十一月南海桂文燦自序

學而等篇名篇

文燦謹案論語名篇多因其分篇在是卽取章首二三字以爲篇名惟學而第一

皇氏謂以學而最先者言降聖以下皆須學成此書故以學而爲先也此言猶爲近理皇氏又云而者因仍也夫學而二字本截此章之文豈有因仍之義失之已至爲政以下諸篇皇氏必於篇名求出相次之理如以八佾名篇爲深責季氏之惡季氏惡不近仁宜居仁里故以里仁次之凡若此類皆非也

學而篇人不知而不慍

何平叔曰慍怒也凡人有所不知君子不慍之也皇氏兼存二釋一爲他人不見知而我不怒一爲若人有鈍根不能知解者君子恕而不慍怒之文燦謹案陳先生曰孟子曰人不知亦囂囂尊德樂義則可以囂囂矣卽此節之義囂囂卽不慍也尊德樂義卽所謂君子也又案曾子立事篇云人不知苟吾自知也義亦相同此皆皇氏前說也皇氏後說乃何義也皇氏二說前說爲長

道千乘之國

馬氏包氏說各不同何平叔兩義並存馬氏本司馬法皇氏詳釋之何君以包說

爲本王制孟子皇氏因以爲夏殷法包氏云井十爲乘皇氏云此則與周異也周家十井爲通通十爲城城出一乘今此一通使出一乘則一城出十乘也案孟子言天子千里大國百里次國七十里小國五十里又言萬乘之國千乘之家千乘之國百乘之家萬取千焉千取百焉是千里出車萬乘百里出車千乘十里出車百乘也子產言天子一圻列國一同圻方千里同方百里亦如孟子之說以開方之法計之方里而井百里之國計有萬井萬井而出車千乘則十井出一乘矣如馬君說百井出車一乘則百里之國止出車百乘必三百一十六里有奇乃能出車千乘與孟子不合包氏合乎孟子是包說爲長矣公羊哀十二年傳注言軍賦十井不過一乘是其明證皇氏以包說合乎王制遂以爲夏殷法包說合於孟子豈亦可定其爲夏殷法耶馬說據司馬法鄭注小司徒亦引之夫司馬法一書所言與孟子子產皆不合必非周公之制據司馬法何若據孟子耶坊記云制國不過千乘家富不過百乘如司馬法謂夫大夫百乘地方百里等於大國諸侯其可

信耶皇氏失之

主忠信

鄭氏曰主親也皇氏云言君子既須威重又忠信爲心百行之主也又疏注云鄭心則言當親於忠信之人文燦謹案鄭義親忠信之人無友不如己之人相對爲文皇氏解作忠信爲百行之主殊失鄭義至疏注云云又非未喻鄭義也

未若貧而樂富而好禮者也

文燦謹案皇本樂下有道字山井鼎考文史記仲尼弟子列傳文選幽憤詩李注引皆同孔安國曰能貧而樂道又曰往告之以貧而樂道孔氏傳古論者是古論樂下有道字惟鄭云樂謂志於道魯論當無道字

爲政篇譬如北辰

皇氏云北辰北極紫微星文燦謹案爾雅北極謂之北辰此指不動之處言之非有星也而漢志北極五星前一星太子第二星帝王亦太乙之座第三星庶子第

四星後宮第五紐星爲天之樞宋沈括謂不動處在樞星之末度餘而明末西人測之謂樞星離極三度辰爲無星之處今所指爲極星者乃近極之可見者耳然則皇氏以北辰爲北極紫微星誤已

七十而從心所欲不踰矩

馬曰矩法也從心所欲無非法者文燦謹案矩即絜矩之矩己欲立而立人己欲達而達人以心所欲爲矩法而從之不踰者即大學所云絜矩之道也皇氏不達此旨謂從猶放也踰越也矩法也年至七十習與性成猶蓬生麻中不扶自直故雖復放縱心意而不踰越於法度也似非其旨矣

書云孝乎惟孝友于兄弟

陸氏釋文出孝于二字云一本作孝乎蔡邕石經同古皆以孝于惟孝爲句白虎通後漢紀華嶠後漢書劉平江革傳潘岳閒居賦夏侯湛昆弟誥陶潛卿大夫孝傳贊皆用此語故包咸注亦云孝于惟孝者美大孝之辭也自僞古文尚書出後

之學者遂改于爲乎並改句讀以就之皇本仍作孝于惟孝與蔡邕石經及釋文據本合是也惟皇氏謂此語亦與尚書微異而不知爲僞造古文者所襲改則失之

論語皇疏考證卷二

南海桂文燦撰

八佾篇八佾舞于庭

馬融曰佾列也天子八諸侯六卿大夫四士二八人爲列八八六十四也皇氏云云卿大夫四士二者杜注左氏傳及何注公羊傳諸侯六六六三十六人大夫四四四十六人士二二二四人也云八人爲列八八六十四人也者據天子之佾人數也文燦謹案何杜二說與馬氏異馬云八人爲列與穀梁范注同統諸侯以下言之皇氏專屬天子言非也宋書樂志一載太常傅隆說曰杜預注左傳佾舞云諸侯六六三十六人夫舞者所以習八音也八音克諧然後成樂故必以八八人爲列自天子至士隆殺以兩兩者減其二列耳預以爲一列又減二人至士止餘四人豈復成樂服虔注云天子八八諸侯六八大夫四八士二八其義尤允又春秋鄭伯納晉悼公女樂二八晉以一八賜魏絳此樂八人爲列之證也若如議者

惟天子八則鄭應納晉二六晉應賜絳一六也自天子至士其文物典章尊卑等級莫不以兩未有諸侯既降二列又列輒減二人近降大半非唯八音不具於兩儀亦乖杜氏之謬可見矣傳氏此說最爲明析孔冲遠申杜義謂女樂二八非二佾鄭人豈以二佾賂晉侯晉侯豈以一佾之樂賜魏絳案史記秦本紀穆公令內史寥以女樂二八遺戎王齊遺魯女樂八十人太平御覽引家語作二八楚詞招魂云二八侍宿大招云二八接舞王逸章句二八二列也大夫有二列之樂故晉悼公賜魏絳女樂二八也晉語云賜魏絳女樂一八章注八人爲列備八音也是古說皆以二八爲二佾馬說較何杜爲長皇氏引何杜之說以證馬說失馬意已

射不主皮

馬融曰射有五善一曰和志體和也二曰和容有容儀也三曰主皮能中質也四曰和頌合雅頌五曰興武與舞同也天子有三侯以熊虎豹皮爲之言射者不但以中皮爲善亦兼取之和容也皇氏云射乃多種今云不主皮者則是將祭擇士

之大射也然射之爲禮乃須中質而又須形容兼美必使威儀中禮節奏比樂然後以中皮爲美文燦謹案周禮鄉大夫退而以鄉射之禮五物詢衆庶三曰主皮鄭注主皮者張皮射之無侯也鄉射禮乃張侯記禮射不主皮主皮之射勝者又射不勝者降鄭注不主皮者貴其容體比於禮其節奏比於樂主皮者無侯張獸皮而射之主於獲也皇氏之説與鄭君禮注合是也

哀公問社於宰我宰我對曰夏后氏以松殷人以柏周人以栗

文燦謹案此章諸家之説不同孔安國曰凡建邦立社各以其土所宜之木考周禮大司徒云樹之田主各以其野之所宜木遂以名其社與其野伏生尚書無逸傳云大社惟松東社惟柏南社惟梓西社惟栗北社惟槐漢書地理志潁川長社縣應劭注其社中樹暴長故名䍐孟傳昌邑有枯社木臥復生師古注社木社主之樹也此以夏松殷柏周栗爲社稷所種之樹也釋文張包周鄭本問社皆作問主鄭云主田主謂社也公羊傳練主用栗栗者藏主也何休云夏后氏以松殷人

以柏周人以栗松猶容也想見其容貌而事之主人正之意也柏猶迫也親而不遠主地正之意也栗猶戰栗謹敬貌主天正之意也何氏從今文以爲宗廟之主與張禹包咸周氏文同義異許叔重異義公羊說以問主爲宗廟之主云祭有主者孝子之主繫心夏后氏以松殷人以柏周人以栗鄭駁之曰論語所云謂社主也此以夏松殷柏周栗爲社主也謹案孔氏之說本諸周禮伏生班固應劭亦多相合且櫟社見夢見於莊子禱枌榆社傳自漢高社之有樹其風古矣皇從孔說以松柏與栗爲社所種之樹是也

管氏有三歸

包氏曰三歸者娶三姓女也皇氏云三歸者管氏娶三國女爲婦也禮諸侯一娶三國九女管仲是齊大夫而一娶三國九人故云有三歸也又云媵與夫人與大國宜同姓今雖三國政應一姓而云三姓者當是誤也文燦謹案春秋成八年夏宋公使公孫壽來納幣冬衛人來媵傳同姓媵之異姓則否杜氏經注古者諸侯

取適夫人及左右媵各有姪娣皆同姓之國國三人凡九女莊十九年公子結媵陳人之婦于鄄左氏無傳公羊云媵者何諸侯娶一國則二國往媵之以姪娣從姪者何兄之子也娣者何弟也諸侯壹聘九女諸侯不再娶成十年齊人來媵公羊傳云三國來媵非禮也何休云惟天子取十二女左氏譏齊媵爲異姓公羊譏齊媵爲三國包氏以三歸爲娶三姓女此必公羊家之學不以三姓爲非禮者管仲爲齊大夫豈有娶一國而二國來媵之事必是娶三姓之女耳皇氏乃以爲三國當一姓謂包氏云三姓爲誤考史記禮書漢書地理志戰國東周策並以爲娶三姓女包說如誤豈諸書俱誤耶倘如皇氏說是管仲非不儉且僭禮甚矣似失之

邦君爲兩君之好有反坫管氏亦有反坫

鄭氏曰反坫反爵之坫也在兩楹之間若與鄰國君爲好會其獻酢之禮更酌酌畢則各反爵於坫上皇氏云兩楹者古者屋當棟下隔之棟後謂之室棟前謂之

堂假三間堂而中央之閒堂無西東壁其柱盈盈而立故謂柱爲楹東柱爲東楹西柱爲西楹西楹之東東楹之西卽謂此地爲兩楹閒也考禮明堂位反坫出尊鄭注反坫反爵之坫也出尊當尊南也唯兩君爲好既獻反爵於其上禮君尊於兩楹之閒孔疏反坫者築土爲之在兩楹閒近南人君飲酒既獻反爵於坫上故爲之反坫也出尊者尊在兩楹閒坫在尊南故云出尊案禮鄉飲酒義鄉人士君子尊於房戶之閒賓主共之也則鄉大夫之禮也（儀禮鄉飲酒同）燕禮司宮尊于東楹之西則君燕臣之禮也此兩君相見則尊於兩楹之閒皇氏以爲尊於東楹之西失之矣

儀封人請見

鄭氏曰儀蓋衞下邑也皇氏云儀衞邑名文燦謹案後漢郡國志東郡聊城有夷儀聊城今屬山東東昌爲齊衞之界孔子至衞未嘗由齊則此非古儀邑也郡國志浚儀注引晉地道記儀封人此邑也水經注引西征記亦以儀封人之儀爲卽

浚儀縣地而酈氏不從浚儀在開封漢屬陳留陳留郡之長垣封邱皆在其北孟康言長邱在封邱杜元凱曰宋地郡國志云封邱有桐牢亭或曰古蟲牢地杜元凱曰鄭地孟康言春秋匡在長垣文八年晉侯歸匡戚之田於衛杜元凱曰匡本衛邑中屬鄭又祭仲杜言陳留長垣縣東北有祭城是長垣爲衛鄭交界之地長垣之東爲沛陰杜元凱以鄭之武父在東北封邱之東爲酸棗杜元凱以爲廩延之別名又以鄭之城棣在西南漢志東郡南燕縣南燕國通典滑州胙城縣漢南燕縣古南燕國隱五年衛以燕師伐鄭土地名云東郡燕縣然則封邱以北長垣以西尙有南燕國郡國志東郡燕縣有平陽亭有瓦亭平陽及瓦皆爲衛也杜並以爲燕縣東北又衛之平邱宛濮及蒲杜皆以爲長垣劉昭引陳留志鞫居在封邱則以爲漢縣計之衛境及長垣多及封邱南燕少自此而南皆爲鄭宋之地衛不得而有之儀封人之儀爲浚儀當今祥符蘭陽之間雖亦由陳至衛之道而不得謂之衛邑名也鄭云蓋衛邑蓋者疑詞皇氏直以儀爲衛邑名誤矣又鄭氏曰

封人官名也皇氏云封人掌衛邑之堺吏也周人謂守封疆之人爲封人也案春秋隱元年左傳潁考叔爲潁谷封人桓十一年傳蔡封人仲足文十四年傳宋高哀爲蕭封人以爲卿昭十九年傳郹陽封人二十六年傳呂封人華豹皆冠以邑名乃皇說之明證邢氏並引周禮之封人以證之周禮封人職云掌設王之社壝爲畿封而樹之所掌乃聚土爲封之事與此異邢氏並以爲此封人之證不若皇氏爲得也

里仁篇吾道一以貫之

一貫之義何氏不釋文燦謹案爾雅釋詁云貫事也又云貫習也卽訓詁言之皆屬躬行說而孔子所謂道也曾子以忠恕解一貫恕非忠不立忠非恕不行此卽一貫之義非忠恕別有一貫之道也他如告哀公曰凡爲天下國家有九經所以行之者一也一卽忠也告仲弓曰己所不欲勿施於人勿施卽恕也此皆一貫之證也皇氏不明此旨謂貫猶統也用一道貫統天下萬理也失之

古者言之不出

皇氏作古之者言之不妄出也文燦謹案古人文詞簡樸自作不出爲是包氏注云古人之言不妄出口則是經文妄字原因注文而衍耳如經文有妄字包氏無煩作此語已皇本出上有妄字蓋非也

論語皇疏考證卷三

南海桂文燦撰

公冶長篇子謂公冶長可妻也雖在縲絏之中非其罪也以其子妻之

皇氏引論釋所載長從衛還魯行至二堺上聞鳥相呼通鳥語一事故陷於縲絏最爲非其罪之明證邢氏不載皇氏爲得也

未知焉得仁

孔安國曰邢本無此四字但聞其忠事未知其仁也皇氏引李充曰違亂求治不汙其身清矣而所之無可驟稱其亂不如甯子之能愚蘧生之可卷未可謂智也潔身而不濟世未可謂仁也李謂爲未智亦不勝爲未知文燦謹案釋文知如字鄭音智論衡問孔篇云子文曾舉子玉代己位而伐宋以百乘敗而喪其衆不知如此安得爲仁徐幹中論智行篇云或曰然則仲尼曰未知焉得仁乃高仁耶又漢書古今人表引孔子曰未知焉得仁師古注言智者雖能利物猶不及仁者所及遠也

此並與鄭讀合孔子貴仁文子不得爲仁未知二字當句讀先輕其辭曰未知旋決其辭曰焉得仁鄭說是也李充之說與鄭說合長於孔已皇氏不從李說非也

斐然成章

孔安國曰狂者進趨於大道妄穿鑿以成文章皇氏云斐然文章貌也孔子言我所以欲歸者爲我鄉黨中有諸末學小子狂而無避進取正經大道輒妄穿鑿斐然以成文章又疏注云趨取也大道正經也既狂故取正典穿鑿之文燦謹案孔云妄穿鑿云者正解斐然二字蓋讀斐爲匪匪猶非也非猶不也下蓋有不知而作之者注引包曰時人有穿鑿妄作篇籍者穿鑿妄作解不知而作妄卽不知不知卽非然已皇氏以斐然爲文章貌苟妄穿鑿豈能斐然以成文章耶皇說誤矣

足恭

孔安國曰足恭便僻之貌也皇氏引繆協曰足恭者以恭足於人意而不合於禮度文燦謹案禮記表記孔子曰君子不失足於人不失色於人不失口於人大戴

記曾子立事篇足恭而口聖無常位者君子弗與也巧言令色能小行而篤難於仁矣文王官人篇華如誣巧言令色足恭一也皆以無爲有者也盧注孔子曰巧言令色鮮矣仁夫不失足於人者不足恭也不失色於人者不令色也不失口於人者不巧言也故文王官人三者並舉與此經合足恭而口聖口聖即巧言也詩板無爲夸毗正義曰夸毗者便僻其足前卻爲恭孔注以足恭爲便僻義當如此曾子以足與口對文知足當如字讀矣爾雅釋訓籧篨口柔也戚施面柔也夸毗體柔也李巡注巧言好詞以饒人是謂口柔和顏悅色以誘人是謂面柔屈己卑身求得於人曰體柔季氏篇益者三友損者三友友便僻馬融曰便辟巧避人所忌以求容媚者友善柔馬融曰面柔者也友便佞損矣鄭氏曰便辯也謂佞而辯也然則便佞爲體柔善柔爲面柔便佞爲口柔體柔爲足恭面柔爲令色口柔爲巧言斷然無疑皇氏讀足爲將樹反失孔意已

願車馬衣輕裘

考唐石經初刻無輕字車馬衣裘四字見白虎通管子齊語北齊書唐邕傳錢大昕云石經旁注輕字是宋人所加文燦謹案皇氏云言朋友有通財車馬衣裘共乘服而無所憾恨也是皇本本無輕字是也今本有輕字者蓋淺人據誤本增入

雍也篇仲弓問子桑伯子

皇氏引虞喜據說苑所述以不衣冠而處欲同人道於牛馬伯子當之文燦謹案說苑此事雖見莊子及家語是否有此人此事姑可弗論乃蕩檢踰閑如是不止太簡矣夫子許仲弓以可使南面仲弓因問伯子而夫子許之其人未必若是也虞喜據此爲說皇氏述之殆非也

與之粟九百辭

孔安國曰九百九百斗文燦謹案晉語官宰食加韋注官宰家臣也加大夫之家田也論語曰原憲爲家邑宰孟子云下士與庶人在官者同祿祿足以代其耕孔子爲司寇以思爲宰亦下士與庶人在官者之類漢書食貨志公田一夫去二十

畝爲廬舍詩所謂中田有廬是也又食貨志述魏之李悝云治田百畝歲收畝一石半爲粟百五十石上孰其收自四中孰自三下孰自倍小饑則收百石中饑七十石大饑三十石若取上孰補大饑中孰補中饑下孰補小饑其所補之餘復補無年及中歲之不足歲常得二百石石亦稱斛八十畝減四十斛在中地歲常得粟百六十斛下士與庶人在官者無廬舍二十畝當粟四十斛之可減得粟二百斛以什一而稅率之當得粟百八十斛古者十斗曰斛見聘禮及漢律厤志粟百八十斛去甲故得九百斗也對文則有甲爲粟無甲爲米粟一斛爲米五斗散文則通管子治國篇云常山之東河汝之間中年畝二石一夫爲粟二百石而禁藏篇云歲兼美惡畝收一石則一夫得粟百石一則爲有甲之粟一則爲去甲之粟非好自爲異同也故孔以九百爲九百斗也皇氏不達此旨謂漫云九百而孔必知九百斗者孔政當嫌九百升爲少九百斛爲多故應是斗也宜與粟五秉亦相類也以孔爲億逆之詞誤矣

犂牛之子騂且角

何平叔曰犂雜文也言父雖不善不害於其子之美也皇氏云犂或音梨犂謂耕

犂也言假令犂牛而生好子色角合禮文燦謹案山海經后稷之孫叔均始作牛耕注始用牛犂也孔子弟子冉耕字伯牛司馬牛名犂說文犂耕互訓段注云人耕謂之耕牛耕謂之犂其後互名之又後漢書和帝紀永和十六年夏四月遣三府掾分行四州貧民無以耕者爲雇犂牛此皆皇說之明證皇氏此說實足以正平叔之誤而父賤行惡之誣可雪已

策其馬

皇氏云六籍惟用馬乘車無騎馬之文唯曲禮云前有車騎是騎馬耳今云策其馬不知爲騎馬爲馳車文燦謹案詩云來朝走馬夫駕車必不得云走馬也則太王在商時已有單騎出走之事已又左氏宣十二年傳趙旃以其良馬二濟其兄與叔父以他馬反昭二十五年傳左師展將以公乘馬而歸公羊傳齊魯相遇以鞍爲几此皆古人有騎之明證孟之反將入門而策馬必是易車而騎始可云策皇氏謂此不知爲騎馬爲乘車誤已

子見南子子路不悅夫子矢之曰予所否者天厭之天厭之

文燦謹案此章之義後儒如韓氏愈論語筆解楊氏愼經說毛奇齡稽求篇趙氏陔餘叢考崔氏洙泗考信錄諸說紛紜然最可疑者惟矢之二字子見南子與孟子見梁惠王皆爲卑禮厚幣君與夫人一體無可疑者如謂南子淫亂當拒子亦如拒陽貨者拒之子亦告以可見之故而責子路之非足矣而乃若此蓋當時詞色嚴厲有與平日迥異者竊謂此章當合衞君待子爲政一章觀之則了然別白南子者衞靈公之夫人而蒯聵之母也蒯聵之子曰輒時立爲君當時之或是或非不絕口耳夫子以正名爲先子路遂以爲迂可見子路本不欲夫子之見南子南子之請見其欲子之爲政可知子路疑孔子或許南子爲政而與前言正相反所以不悅孔子故激而矢之其詞云云者言我欲正名雖人事而本於天道當始終如一豈因此一見而易前轍否當如鄭氏訓爲不謂不正名也考史記孔子世家否正作不蓋古論語如是鄭君釋否爲不與史記合凡古人誓詞多云所不如

左氏傳重耳曰所不與舅氏同心者有如白水慶封曰所不與崔慶者可證予所不者此說者之詞臧氏琳謂當日必更有誓詞特不詳耳是也皇氏言我見南子若有不善之事則天當厭塞我道也孔子而見南子有何不善之事子路雖輕率亦斷不以此疑孔子而孔子因之矢誓也皇說誤已

論語皇疏考證卷四

南海桂文燦撰

述而篇子之燕居申申如也夭夭如也

馬融曰申申夭夭和舒之貌也皇氏云申申心申暢故和也貌舒緩故夭夭也詩云桃之夭夭灼灼其華卽美舒義文燦謹案廣雅釋訓夭夭申申容也正爲此章之明訓其義與馬氏合皇氏從馬說是也惟引詩詞爲證則誤案毛傳桃有華之盛者夭夭其少壯也灼灼華之盛也尚書禹貢馬注禮記大學鄭注史記周本紀徐廣注漢書地理志注意同皆與夭夭爲容之義異皇說失之

自行束脩以上

孔安國曰言人能奉禮自行束脩以上則皆教誨之也皇氏云束脩十束脯也古者相見必執物爲贄贄至也表已來至也上則人君用玉中則卿羔大夫雁士雉下則庶人執鶩工商執雞其中或束脩壺酒一犬悉不得無也束脩最是贄之至

輕者也又云孔注雖不云脩是脯而意亦不得離脯也文燦謹案檀弓少儀穀梁傳所言束脩但言賜人問人不言爲贄脯脩則是婦人相見之物男贄無之是皇氏以束脩爲脩脯者誤也後漢書延篤傳注引鄭君注云束脩謂年十五以上蓋古人稱束脩有指束身脩行言者案列女傳秋胡婦云束髮脩身鹽鐵論桑宏羊曰臣結髮束脩得宿衛後漢書延篤傳曰且吾自束脩以來又馬援杜詩二傳並以束脩爲年十五此皆鄭說之證孔注並未云脩是脯則是孔與鄭合也皇氏以束脩爲脩脯又云孔注雖不云脩是脯而意亦不得離脯也失經意並失孔意矣

舉一隅

皇本下有而示之三字云譬如屋有四角已示之一角餘三角從類可知文燦謹案蜀石經及高麗本文選西京賦注引皆同鄭曰說則舉一隅以語之鄭本亦有此三字皇本有此三字是也

子行三軍則誰與

釋文云與皇音餘而今本義疏云若行三軍必當與己仍讀如字而不音餘孫志祖謂流傳既久亦容有彼國人之竄改吾不能無疑焉文燦謹案孔安國曰子路見孔子獨美顏淵以爲己有勇至於夫子爲三軍將亦當唯與己俱故發此問也疏家體例已意雖勝古說不容違注以釋經孔氏云亦唯當與己俱故皇氏云若行三軍必當與己至其音餘者蓋皇氏一己之說陸氏引之當非見於義疏而別有所本特今古帙散逸不可考耳鄭君詩箋禮注杜氏春秋集解釋例以著或先後各有異同其爲義疏依孔氏義而讀如字別爲之說則音餘何足異耶孫志祖疑爲彼國之所竄改豈其然乎

執禮

鄭氏曰讀先王典法必正言其音然後義全故不可有所諱也皇氏云若讀書避諱則疑誤後生故禮云教學臨文不諱詩書不諱是也又鄭云禮不誦故言執也皇氏云釋不直云詩書禮而禮上長云執之義也背文而讀曰誦詩是詠歌書是

謨誥故並須誦之而禮但執文依事而行不須背文誦之故曰執文燦謹案周官太史大祭祀宿之日讀禮書祭之日執書以次位常凡射事執其禮事禮記秋學禮執禮者詔之蓋古者謂持禮書以治人曰執盧子幹注玉藻篇臨文云謂禮文也禮執文行事此皆皇說之證也

子曰三人行必有我師焉

文燦謹案經典釋文唐石經三人上皆有我字史記孔子世家亦當有我字集解引何注言我三人行則史記本有我字皇本有我字是也

子溫而厲

釋文云皇本作君子今義疏本仍無君字孫志祖謂流傳既久亦容有彼國人之所竄改吾不能無疑焉文燦謹案此乃海國中傳寫脫漏並非彼國所竄改者無足疑也後子張篇君子有三變章義疏曰所以前卷云君子溫而厲也此乃脫漏之明證孫氏未嘗細檢耳

泰伯篇愼而無禮則葸

孔安國曰葸畏懼之貌也文燦謹案葸爲諰字之譌說文言部諰思之意從言從思思亦聲方言而又思之故其字從言思荀子議兵篇諰諰然懼天下之一合而軋已也漢書刑法志引作鰓蘇林讀如愼而無禮則葸之葸諰正字鰓假借字葸則俗字廣韻引作言且思之疑蓋言思疑慮則爲葸孔氏以爲畏懼之貌已爲轉訓皇氏乃以葸爲畏懼過甚失其旨矣

君子人與君子人也

此章陸氏釋文出人與二字注云音餘又出君子也三字注云一本作君子人也文燦謹案皇氏云言爲臣能受託命寄幼又臨大節不回此是君子人與也再言君子美之深也此釋經上句作君子人與下句作君子也無人字與陸氏據本合又引繆協注曰夫能託六尺於其臣寄顧命於其下而我無二心彼無二節授任而不失人受任而不可奪故齊必同乎君子之道審契而要終者也非君子之人

與君子者孰能要其終而均其致乎蓋讀君子人與君子也七字爲句君子人者言此爲君子一流人所謂齊動乎君子之道者也君子也者有德者之定名毅然稱之爲君子而無疑也亦上有人字本無人字讀雖異而文則同亦可爲陸氏據本之證惟是今刊本下仍衍人字此蓋後人誤加耳

三分天下有其二

包注殷紂淫亂文王爲西伯而有聖德天下之歸周者三分有二皇氏云殷家州牧曰伯文王爲雍州伯雍州在紂西故曰西伯文燦謹案尚書西伯戡黎鄭注西伯周文王也時國於岐封於雍州伯也南兼梁荊國在西故曰西伯王肅注王者中分天下爲二公總治之謂之二伯得專行征伐文王爲西伯黎侯無道文王伐而勝之西伯鄭王異義考天下諸侯之長唐虞置四人爲四岳夏殷周置二人爲二伯每州諸侯之長謂之州牧亦稱州伯此西伯當從鄭說禮王制州有伯八州八伯鄭注殷之州長曰伯此言爲雍州伯則是州伯明已王制又云分天下以爲

左右曰二伯知西伯非二伯者周官大宗伯八命作牧鄭仲師注一州之牧九命作伯注上公有功德者加命爲二伯楚詞天問云伯昌號衰秉鞭作牧言作牧是州伯矣王逸云文王爲雍州牧此皆鄭説之明證王肅欲與鄭異以西伯爲二伯又僞造孔叢子託諸子思述子夏之言謂王季以九命作伯於西文王因之得專征伐欲以短鄭詭已皇氏貫通鄭氏三禮之學謂文王作雍州伯是也

論語皇疏考證卷五

南海桂文燦撰

子罕篇拜下禮也

大戴禮大夫於君命升聽命降拜據此是臣之於君無不拜於堂下者皇氏乃專據燕禮言之謂禮君與臣燕君賜酒皆下堂而再拜故云拜下禮也考儀禮燕禮覲禮公食禮君待大夫以賓使人辭之皆升成拜惟燕禮徹幕後卿大夫皆降西階下再拜稽首小臣辭公答再拜大夫皆辟注小臣辭不升成拜明雖醉正臣禮也夫燕禮至終乃下拜則前此之不下拜可知已何得以下拜專屬燕禮耶皇說非也

太宰問於子貢曰

孔安國曰太宰大夫官名也或吳或宋未可分也皇氏謂此是吳臣引左傳魯與吳會使子貢語當是此時太宰嚭問子貢鄭說與此同或據韓子列子有商太宰

見孔子事謂商即宋此當爲宋太宰考孔子過宋遭桓魋之難據孟子云主司城貞子是未嘗見太宰也文燦謹案左氏哀十二年傳今吳不行禮於衛而藩其君舍以難之子盍見太宰哀十三年傳將囚景伯景伯謂太宰曰魯將以十月上辛有事於上帝先王蓋當時吳嚭烜赫過甚有獨稱爲太宰者皇說是也

鄉黨篇入公門鞠躬如也　執圭鞠躬如也

孔安國入公門鞠躬如也注斂身也包氏執圭鞠躬如也注鞠躬者敬愼之至也

文燦謹案廣雅匔匑謹敬也曹憲匔音邱六反匑音邱弓反儀禮聘禮禮記鄭注引孔子之執圭鞠窮如也音與曹合又三蒼敬畏貌漢書馮奉世傳贊鞠躬履方注謹敬貌史記魯世家匑匑如畏然徐廣音窮窮同是鞠躬當爲鞠窮與色勃足躩異而與踧踖相類乃形容敬愼之貌非曲身也丁小山謂孔注斂身也乃專釋如不容三字今考鞠字羣經傳注無斂訓丁說是也皇氏欲釋鞠躬爲曲身乃謂鞠曲斂也躬身也臣入君門自曲斂身也誤已包氏以鞠躬爲敬愼皇氏亦云圭

雖輕而已執之恆如圭重似已不能勝故曲身如不勝也尤誤已

執圭

包氏曰爲君使以聘問鄰國執持君之圭文燦謹案周官典瑞瑑圭璋璧琮繅皆二采一就以覜聘注大夫衆來曰覜寡來曰聘疏此遣臣行聘問之所執者若本君親自朝所執上文桓圭之等是若遣臣聘不得執君之圭璧無桓信躬與蒲穀之文直瑑之而已又考工記玉人瑑圭璋八寸以覜聘注覜視也聘問也衆來曰覜特來曰聘據此是大夫覜聘執瑑圭並非執君之瑞圭明甚包注言執持君之圭者亦謂此圭爲君所有非以爲君之瑞圭也皇氏乃云圭瑞玉也魯是侯侯執信圭則孔子所執執君之信圭也誤已

黃衣狐裘

文燦謹案詩羔羊素絲五緎正義云若兵事既用韎韋衣則用黃衣狐裘及貍裘象衣色故也是黃衣狐裘者韋弁服也周禮司服凡兵事韋弁服一也眡朝則皮

弁服二也凡甸冠弁服三也以此考之緇衣羔裘冠弁服也素衣麑裘皮弁服也黃衣狐裘韋弁服也比類以觀其義無可疑也皇氏乃謂黃衣狐裘者謂卽蜡祭宗廟五祀之服歲終大蜡報功象物色黃落故著黃衣黃冠也案古人冠服有五爵弁服韋弁服皮弁服朝服之類是也而每服之用皆數十皇氏以鄭注玉藻及郊特牲之引此文者謂蜡祭服黃衣狐裘之服耳豈謂黃衣狐裘專爲蜡祭之服耶皇氏誤已

非帷裳必殺之

鄭康成注云帷裳謂朝祭之服其制正幅如帷也非者謂餘衣也殺之者削其幅使縫齊倍腰者也文燦謹案此云朝祭之服對深衣長衣中衣之裳言深衣長衣中衣之裳皆無辟積而當旁之衽斜裁謂之殺朝祭服之帷裳則有辟積故前三幅後四幅正裁無辟積故無殺皇氏乃云殺謂縫之也若非帷幔裳則必縫殺之以殺縫之面置裏不殺之面在外而帷裳但刺連之如今服帊不有裏外殺縫之

異也並引喪服云凡裳內削幅裳外不削幅鄭注削猶殺也爲證案鄭君禮注與此注雖削殺互訓而義異禮注削爲向內摺縫此注削爲斜裁皇氏混而爲一因以此殺亦爲向內摺縫喪服之裳與朝祭服之裳同用正裁是凡深衣等裘皆正裁何以曰非帷裳必殺之耶皇說失之

居必遷坐

皇氏云居必遷坐者亦不坐恆居之坐也故於祭前先散齋於路寢門外七日又致齋於路寢中三日也文燦謹案古人常居燕寢齋則遷居正寢正寢天子諸侯謂之路寢大夫士謂之適寢禮檀弓君子不有大故不宿於外非致齋也非疾也不晝夜居於內鄭注內正寢之中以內爲正寢非齋與疾不居大戴禮盛德篇此天子之路寢也不齋不居其室儀禮既夕記士處適寢又云有疾疾者齋鄭注適寢者不齋不居其室此皆齋遷正寢之明證皇氏謂齋居路寢是也惟謂散齋居路寢門外於經無明文蓋誤會祭義言散齋於外也路寢門外無門堂無屋非可

居之地則不如孔賈疏禮謂散齋亦居適寢爲得已

居不容

釋文出居不客云苦百反本或作容羊凶反皇本作容云居不容者謂家中常居也家主和怡燕居先溫溫故不爲容自處者也文燦謹案皇說是若作居不客謂家中不以客自居夫左傳稱冀缺與其妻相敬如賓敬爲德之則賓卽客也不客是不如賓豈冀缺所能者而謂聖人反不能乎豈爲德之則而謂聖人反不爲乎

車中不內顧

釋文據本作不內顧注云魯讀車中內顧文燦謹案包氏云前視不過衡軛旁視不過輢轂也當無不字盧文弨據文選東京賦云車中內顧李善注引魯論及崔駰車左銘皆無不字又漢書成帝紀贊顏注引論語此文亦無不字案無不字者是也皇本有不字云內猶後也顧回頭也升在車上不迴頭後顧也非特於義爲短亦與包意異已非也

終

論語皇疏考證卷六

南海桂文燦撰

釋文云鄭以合前章皇別爲一章今皇本與釋文合文燦謹案史記仲尼弟子列傳云受業身通者七十二人皆異能之士下引此章是以此章爲統記七十二人中異能之士非言從陳蔡之人也夫患難流離之際焉能使異能之士皆從以行況考史記及左氏傳此時冉求正爲季氏宰明非從陳蔡之人矣又考史記孔子厄於陳蔡年六十三時子游年十八子夏年十九聖門之中遂以文學名殆未必然鹽鐵論云七十子有名列於孔子之門皆諸侯卿相之才可南面者數人政事冉有季路言語宰我子貢亦以冉有等爲異能之士不以爲證從陳蔡之人皇本是也至山井鼎考文載古本德行上有子曰二字毛奇齡因謂舊當有子曰二字故史記冉伯牛傳言孔子稱爲德行考自漢以來傳記凡引論語者非孔子之言

先進篇德行章

多稱子曰毛氏因皇本至此別爲一章乃謂章首當有子曰二字並援史記曲爲之證則失之

鯉也死有棺而無椁

許氏五經異義以此鯉也死爲實未死假言之耳鄭駁之云鯉也死有棺而無椁是實死未葬已前也設言死凡人於息猶不然況聖賢乎文燦謹案史記孔子世家言河不出圖洛不出書吾已矣夫顏淵死孔子曰天喪予及西狩見麟曰吾道窮矣夫曰喪予曰吾道窮曰吾已矣者此皆將卒之言則顏淵之死必與獲麟子路死夫子卒相先後孔子年七十一獲麟七十二子路死七十三卒顏子少孔子三十歲孔子七十顏子已四十也又孔子世家言伯魚年五十先孔子卒以核家語孔子年二十而生伯魚之說爲近是伯魚卒時孔子年六十九據此當從鄭說已王子雍家語注說與叔重同此欲與鄭違因僞撰此說耳皇氏云昔我子死我自有車尙不賣之營椁與鄭說合是也

顏淵死門人欲厚葬之

皇氏云顏淵之門徒見師貧而已欲厚葬之也一云是孔子門人欲厚葬朋友也

文燦謹案門人謂孔子弟子也此時顏子年三十二縱有門人亦童子耳豈能任厚葬之事子罕篇云子疾病子路使門人爲臣鄭注謂子路欲使弟子行其臣之禮下言門人不敬子路夫子曉之升堂入室皆可證門人爲孔子門徒也

若由也不得其死然

孫履齋示兒編謂上文子樂二字當是子曰之譌謂由也不得其死有何可樂鄭康成云樂各盡其性也由也不得其死雖不可樂各盡其性固可樂也履齋之說與鄭義違非也履齋此書好立新說以矜奇異殊無足取皇本若由也上有曰字是已而未盡善也文燦謹案文選幽通賦崔子玉座右銘注並引作子曰若由也不得其死然此誠足補皇氏之闕已至於漢書敍傳幽通賦注引作子樂曰若由也不得其死然此固與皇本合也特連上子樂二字引之或爲孫履齋所譏耳

由之瑟

文燦謹案皇本瑟上有鼓字考文載古本高麗本及說苑載此事並同鼓瑟之文見下侍坐章及毛詩國策史記集解載馬注亦應有鼓字如單言瑟而不言鼓則由之瑟亦猶人之瑟耳何異之有皇本是也

賜不受命而貨殖焉

何注曰賜不受教命惟貨財是殖億度是非蓋美回所以勵賜也皇氏曰殷仲堪云不受嬌君命江熙云賜不受濁世之祿亦庶幾道者也文燦謹案子貢爲言語之選固孔門高弟也豈孔子尚有譏其不受教命之事古人言受命多以服官言所謂一命再命三命也不服官而貨殖亦不失爲賢者也皇氏引殷氏江氏之說

得其意矣

冠者五六人童子六七人

皇氏引或云冠者五六五六三十人也童子六七六七四十二人也四十二就三

十合爲七十二人也孔子升堂者七十二人也文燦謹案此說無論聖門七十二人無四十二童子而曾皙莫春浴沂豈能盡偕聖門七十二子以往乎非經義也此小說游戲之言皇氏乃列爲第二說以釋經誤矣

顔淵篇出門如見大賓使民如承大祭己所不欲勿施於人在邦無怨在家無怨

文燦謹案出門如見大賓使民如承大祭統於己所不欲勿施於人在邦在家也蓋出門屬在家言之使民屬在邦言之而皆以不欲勿施爲歸則爲仁猶非禮勿視勿聽勿言勿動皆以克己復禮爲歸則爲仁也皇氏謂恕己及物則爲仁也先二事明敬後一事明恕恕敬二事乃爲仁也分敬恕爲二事失之

論語皇疏考證卷七

南海桂文燦撰

子路篇子曰必也正名乎

馬融曰正百事之名也臧琳謂馬說本之史記孔子世家春秋繁露實性篇韓詩外傳皇氏以爲當正夫人之名與史記合並引韓詩外傳爲證得其意已

樊遲請學稼

包氏焉用稼注云禮義與信足以成德何用學稼以教民乎是包氏謂樊遲請學稼者以爲世好文治民不從信不如學后稷教民稼穡以稼治民乃小人之事尙書無逸云知稼穡艱難則知小人之依高宗出居田間則曰爰曁小人是也故孔子謂遲爲小人與孟子以並耕爲小人之事意同皇氏謂遲請於孔子求學種五穀之術夫子言吾不如老農者夫子微言以責遲之詞皇氏蓋誤會經意已

子曰吾不如老農

皇氏云農者濃也是耕田之人也言耕田所以使國家倉廩濃厚也文燦謹案禮緯含文嘉云神者信也農者濃也始作耒耜教民耕種美其衣食德信濃厚若神故爲神農也書農用八政鄭君農讀爲醲說文凡从農得聲之字如醲爲厚酒襛爲衣厚蓋字義生於聲者乃最始之義耕田之人使衣食濃厚故曰農先有濃厚之義後名爲農夫也猶田夫謂之嗇夫先有愛濇之義後名爲嗇夫也皇氏之說古義也

吾黨有直躬者

釋文云鄭本作弓云直人名弓文燦謹案呂覽當務篇莊子盜跖篇韓非五蠹篇淮南氾論訓高誘注並與鄭合蓋直躬者以其行加於名之上猶直哉史魚楚狂接輿之類也皇氏云躬猶身也此雖本孔注乃疏家之體然亦當如作者七人疏後引鄭注以補正經義皇氏闕之疏已

憲問篇卞莊子之勇

周生烈曰卞邑大夫也考卞莊子卽孟孺子速也左氏襄十六年齊侯圍郕孟孺子速徼之齊侯曰是好勇去之以爲之名速遂塞海陘而還莊子當時有勇之名故子以爲言文十五年齊人歸公孫敖之喪卞人以告卞本孟氏私邑莊子宰之故稱卞莊子皇氏乃據格虎一事爲證文燦謹案此事見史記陳軫列傳與韓詩外傳所載獲田首事皆傅會不經無足信也

桓公九合諸侯

皇氏引史記云兵車之會三乘車之會六蓋合爲九也夫下言不以兵車則兵車之會不合數已又引穀梁傳云衣裳之會十一范注十三年會北杏十四年會鄄十五年又會鄄十六年會幽二十七年又會幽僖元年會檉二年會貫三年會陽穀五年會首戴七年會寗母九年會葵邱凡十一會又非十一會鄭不取北杏及陽穀爲九會文燦謹案鄭君釋廢疾云自柯之明年葵邱以前去貫與陽穀固已九合矣楊士勛謂貫與陽穀二會管仲不欲故去之自外唯九合也據此是鄭君

不取陽穀非不取北杏也皇亦誤已

論語皇疏考證卷八

南海桂文燦撰

衛靈公篇顏淵問爲邦

文燦謹案此顏子問治國之道故夫子以夏時之等答之皇氏以顏子爲魯人因謂當時魯家禮亂故問治魯國之法孔門之徒多魯人據此論語中凡問政問仁問孝皆當屬之魯已夫魯用周正具見春秋無可疑者皇氏既以爲問魯國之法因謂魯家行用夏時誤已據郊特牲魯郊雖用殷輅然郊特牲特言郊用殷輅則非郊不用殷輅必已夫子言乘殷輅夫豈專論郊天耶皇氏以爲魯禮亦非也至於魯秉周禮當服周冕此不能據以爲問魯國之法也皇氏因殷輅據郊特牲以爲魯郊乘之遂亦據郊特牲以服周冕屬之魯郊夫子言服周冕亦豈專論郊天耶皇氏以服周冕屬之魯郊尤誤也又如韶舞皇氏既引明堂位凡四代之服器官魯兼用之以證魯用四代之樂是魯非專用韶舞也皇氏又以韶舞爲魯之樂

亦失之又如放鄭聲遠佞人皇氏亦以爲魯禮法以魯無淫樂爲據魯無淫樂本不可考何可遂以爲放鄭聲之證況佞人又何說也皇氏誤已

季氏篇昔者先王以爲東蒙主

孔安國曰使主祭蒙山也皇氏曰言顓臾是昔先王聖人之所立以主蒙山之祭蒙山在東故云東蒙主也文燦謹案禹貢蒙羽其藝鄭注蒙羽二山名漢地理志泰山郡蒙陰禹貢蒙山在西南有祠顓臾國在東蒙山下齊乘曰龜山在今費縣西北七十里蒙山在龜山東二山連屬長八十里夫東蒙即蒙山孟子又曰東山皆以在魯東故也在今山東沂州府蒙陰縣南四十里西南接費縣界自元和志寰宇記誤析爲二謂在新泰縣東八十八里費縣西北八十八里者爲蒙山在費縣西北七十五里者爲東蒙山或更云在東者東蒙中央者爲雲蒙在西者爲龜蒙則尤誤矣皇氏謂蒙山在東故云東蒙是也

而在蕭牆之內也

鄭氏曰蕭之言肅也蕭牆謂屏也君臣相見之禮至屏而加肅敬焉是以謂之蕭牆文燦謹案禮天子外屏諸侯內屏大夫以簾士以帷則蕭牆惟人君有耳卿以下但設帷薄管仲僭禮旅樹禮記不言自管仲始自管仲以後各國大夫無效尤者季氏之家安得有此夫子言此者謂哀公欲去三桓君臣既已有隙一旦事作正不可知季氏實爲可憂蕭牆之內指哀公言之不敢言君故婉言蕭牆之內也皇氏云蕭牆內謂季氏之臣必作亂也又謂大夫應無屏季氏僭爲之失其義已

及其老也

文燦謹案曲禮言七十曰老而傳孟子云七十者衣帛食肉又云老者衣帛食肉是老者七十之謂也皇氏云老謂年五十以上也年五十始衰皇氏云五十始衰語見王制夫始衰乃方衰之始是尙非衰也此正古人命爲大夫服官政之年豈古者國家必擇既衰之人而後用之且迨人戒貪得之時而用之耶苟或不能戒非反令其干墨耶皇說失之

齊景公有馬千駟

何焯謂袁飛卿文云地衍膏腴出車有千乘之賦爵崇屏翰繫馬有千駟之煩從事說到車從車說到馬以爲陳文子有馬十乘亦采地所出文燦謹案春秋哀八年左氏傳鮑牧又謂羣公子曰使女有馬千乘乎注有馬千乘使爲君也此景公有馬千駟之明證論語云道千乘之國孟子云必千乘之家趙注千乘兵車千乘謂諸侯也皇氏云景公無德而多馬禮記國君之富數地以對山澤所出豈以多馬言乎皇說失之

伯夷叔齊餓於首陽之下

馬融曰首陽山在河東蒲坂縣華山之北河曲之中也皇氏云夷齊兄弟讓國遂入隱於首陽之山武王伐紂夷齊扣馬而諫武王滅商夷齊反首陽山責身不食周粟惟食草木而已後遂西令支縣祈家白張石虎往蒲坂采材謂夷齊曰汝不食周粟何食周草木夷齊聞言卽遂不食七日而死云首陽下者在山邊側也文

燦謹案漢地理志郡國志並云遼西郡令支有孤竹城應劭曰故伯夷國說文暘首陽山也在遼西从山昜聲顏師古注漢書王吉等傳云伯夷歌登彼西山當以隴西爲是石曼卿謂首陽在河東蒲坂王氏困學紀聞據大戴記曾子制言中篇云夷齊死於濟澮之間其仁成名於天下又云二子居河濟之間以曼卿謂首陽在蒲爲得其實考漢遼西郡爲今直隸熱河承德府及府北喀喇沁右翼翁牛特左右翼克西克騰各旗蒙古地蒲坂故城在今山西蒲州府永濟縣南雷首山在縣東南首陽山又在其東南二地相去二千餘里斷不能強合爲一蓋伯夷之國在遼西棄國而隱則西至蒲坂猶太王之國在岐周泰伯仲雍則逃之荆蠻也說文謂首陽在遼西最誤皇氏謂遼西令支縣祐家白張石虎往蒲坂采材蓋沿其誤也遼西令支之人豈往二千里以外之地而采材耶又案漢書王貢兩龔鮑傳序餓於首陽不食其祿亦謂義不仕周受祿貧餓以終其身而死耳非不食周草木七日餓死也皇氏載此無稽之事亦誤也

論語皇疏考證卷九

南海桂文燦撰

陽貨篇吾豈匏瓜也哉焉能繫而不食

文燦謹案國語晉叔向曰苦匏不材於人共濟而已韋注材讀若裁不裁於人言不可食也共濟而已佩匏可以度水也不食謂苦匏不可食最爲此章之確證鄭注我非匏瓜焉能繫而不食者冀往仕而得祿何注匏瓠也言匏瓜得繫一處者不食故也吾自食物當東西南北不得如不食之物繫滯一處也詳其文義但謂匏瓜不可食故得繫於一處非謂匏瓜不能飲食與韋說同皇氏云言人非匏瓜匏瓜繫滯一處不須飲食而自然生長乃得不用何通乎而我是須食之人自應東西求覓豈能如匏瓜繫而不食耶夫天下不須飲食不特匏瓜孔子何爲特言匏瓜是其說本不可通且非注意則尤失之又引一說謂匏瓜星名也言人有才智宜佐時理務爲人所用豈得如匏瓜繫天而不可食耶皇氏凡徵引異說皆迹

姓名凡此等不述姓名而云一通者當是皇說夫謂匏瓜不須飲食已屬迂曲乃謂匏瓜爲星繫天而不可以食迂曲甚矣

可以羣

孔安國曰羣居相切磋也文燦謹案詩之教溫柔敦厚學之則輕薄可免而嫉妒可消故可以羣居相切磋皇氏云詩有如切如磋如琢如磨是朋友之道可以羣居也失其義矣

其猶穿窬之盜也與

孔安國曰穿穿壁也窬窬牆也釋文據本作踰云踰本作窬盧文弨考證云踰讀爲孟子踰東家牆之踰文燦謹案孔云窬窬牆也者猶素問踰垣上屋注踰垣謂蕤牆也自當從釋文作踰爲正皇氏云小人爲盜或穿人屋壁或踰人垣牆本得孔意復引傳云篳門圭窬窬竇也自亂其說誤已臧氏禮堂謂當作穿窬而以皇氏引傳爲是是則孔氏何以云窬窬牆也耶

其未得之也患得之

何平叔曰患得之者患不能得之也楚俗言也皇氏云楚之風俗其言語如此也呼患不得爲患得之也文燦謹案楚俗言者謂楚之方言非謂其風俗言語如此也呼患不能得爲患得之亦非呼患不得爲患得之也皇說失之

孺悲欲見孔子孔子辭以疾將命者出戶取瑟而歌使之聞之

何平叔曰孔子不欲見故辭以疾爲其將命者不知已故歌令將命者悟所以令孺悲思也文燦謹案古者相見之禮必因介紹始見辭於將命者曰某願見無由達某子以命命某見主人三辭而出見之是此將命者爲介紹故何曰其將命者則非孺悲所使之人也皇氏以將命者爲孺悲所使之人謂孺悲使人召孔子欲與孔子相見考禮雜記孺悲嘗學士喪禮於孔子欲見孔子豈敢使人召孔子耶皇說失之

惡居下流而訕上者

養新錄云惠棟曰惡居下流而訕上者蔡邕石經無流自當因子張篇惡居下流涉彼而誤鹽鐵論文學居下而訕上漢書朱雲傳小臣居下訕上是漢以前皆無流字文燦謹案北史魏長賢傳居下訕上欲益反損是齊梁之季亦無流字皇氏訕猶謗毀也又憎惡爲人臣下而毀謗其君上者也是皇氏據本亦當無流字今本下下有流字當是後人據誤本加之耳

微子篇楚狂接輿歌而過孔子

文燦謹案山井鼎七經考文古本足利本孔子下皆有之門二字則是過孔子者過孔子之門也鄭注孔子下云下堂出門也蓋鄭本亦有此二字又莊子人間世亦載孔子適楚楚狂接輿游其門曰鳳兮鳳兮云云接輿本楚狂之名也楚詞涉江接輿髡首兮韓詩外傳楚狂接輿躬耕以食戰國秦策箕子接輿漆身而爲癘披髮而爲狂尸子曰箕子胥餘漆身爲厲披髮佯狂二者對舉與秦策合是胥餘卽接輿也又蜀志秦宓傳接輿行且歌論家以光篇漁父詠滄浪賢者以耀章皆

其證皇氏云接輿楚人也姓陸名通字接輿雖勝邢氏與夫子之輿相接而歌之說然以接輿爲楚狂之字又本高士傳以爲姓陸名通無稽甚矣

以杖荷蓧

釋文出蓧字云本又作條又作莜說文玉篇並引作莜云草田器包注篠竹器名也史記孔子世家集解亦引作篠云草器名文燦謹案草以作器似不勝用說文竹下云冬生草也爾雅竹在釋草山海經西山經中山經凡言其草多竹者四是草卽竹也皇本從竹作篠似有未合然云見此丈人以杖擔一器籮簏之屬故云以杖荷篠也則是也

夷逸朱張

宋氏翔鳳論語鄭注說云文選劉越石答盧諶書自頌輈張注輈張驚懼之貌也揚雄國三老箴云負乘覆餗姦宄侏張輈與侏古字通此鄭注本爲侏張知非人姓名矣故鄭注作者七人獨不舉夷逸朱張邢氏敬曰朱張當作譸書譸張爲

幻卽陽狂也曰逸民曰夷逸曰朱張三者別其目夷齊仲惠連五者舉其數也此說當得鄭義文燦謹案釋文云朱張並如字衆家亦爲人姓名王弼注朱張字子弓荀卿以比孔子鄭作侏張云音陟留反不以爲人姓名矣蓋逸民二人伯夷叔齊也夷逸一人虞仲也侏張陽狂者二人柳下惠少連也故孔子先論伯夷叔齊次及柳下惠少連後云謂虞仲夷逸隱居放言言夷齊讓國隱逸首陽曰逸民虞仲竄逸蠻夷故曰夷逸顏氏漢書注云夷逸謂竄於蠻夷而遁是也柳下惠少連陽狂肆志故曰朱張猶楚人接輿稱楚狂也皇氏云或問曰前七人而此唯評於六人不見朱張何乎答曰王弼曰朱張字子弓荀卿以比孔子今序六人而闕朱張者明取舍與已合同也以爲七人本之包氏此乃疏家體例惟是王輔嗣謂子張字子弓此不知何據考荀子非十二子篇無置錐之地而王公不能與之爭名仲尼子弓是也楊注以子弓爲仲弓又非相篇仲尼長子弓短儒效篇非大儒莫之能立仲尼子弓是也荀子以子弓比仲尼非以朱張比仲尼也輔嗣以朱張爲

字子弓因謂荀子以比仲弓誤矣皇氏據以爲說何耶又孔子云我則異於是謂與逸民等異也安得謂朱張取舍與孔子同耶皇氏亦誤也

論語皇疏考證卷十

南海桂文燦撰

子張篇子夏曰雖小道必有可觀者焉

何平叔曰小道謂異端也皇氏云小道謂諸子百家之書也文燦謹案鄭注云小道如今諸子書也見後漢書注皇氏本諸鄭説也

譬諸宫牆

文燦謹案丁氏希曾云宫牆宫字是爾雅大山宫小山之宫謂圍繞也禮記曰君爲廬宫之又曰儒有一畝之宫鄭云宫爲牆垣也是其證左氏傳曹人或夢衆君子立於社宫社非喪國不屋則無宫室而禮云君南向於北牖下固有牆垣是社宫亦爲牆皇氏云譬如居家之有宫牆牆高則非闚闞所測牆下闚闞易了是以宫爲宫室之宫矣失之

陳子禽謂子貢曰

皇氏云此子禽必非陳亢當是同姓名之子禽也文燦謹案古文名字相配爾雅曰亢鳥嚨故陳亢字古音籍與鶻相近通假名鶻故或字子禽字子羽也又子禽亦稱子亢見檀弓下皇氏以爲二人誤已

堯曰篇堯曰咨爾舜

皇氏云堯名放勳諡云堯也舜名重華諡云舜也諡法云翼善傳聖曰堯仁盛聖明曰舜也堯將命舜故先咨嗟歎而命之故云咨汝舜也文燦謹案皇氏以放勳重華爲名堯舜爲諡蓋本五帝本紀虞舜者名曰重華夏本紀夏禹名曰文命也然孟子云放勳乃殂落上古雖質史臣必不名其死君又堯典稱有鰥在下曰虞舜又帝曰格汝舜格汝禹君名其臣禮也堯崩之後舜與其臣言則稱曰帝臣不敢名其君也是則史遷言名者猶號也言虞舜號曰重華夏禹號曰文命云爾大戴五帝德篇孔子稱堯曰高辛氏之子曰放勳稱舜曰瞽瞍之子曰重華稱禹曰鯀之子曰文命帝繫篇帝嚳產放勳是爲帝堯瞽瞍產重華是爲帝舜鯀產文命

是爲禹皆其證羅泌謂堯舜禹爲名放勳重華文命則其號引孟子稱放勳屈原稱重華書中候稱文命爲證是也又案檀弓云死謚周道也周書謚法周公所作商以前無謚也謚法解翼善傳聖曰堯仁義盛明曰舜淵源流通曰禹雲行雨施曰湯者以周法追謚之也皇氏以堯舜爲謚而以放勳重華爲名失之已

雖有周親不如仁人百姓有過在予一人

孔安國曰親而不賢不忠則誅之管蔡是也仁人謂箕子微子來則用之也皇氏云雖有云云者尙書第六泰誓中文言雖與周有親而不爲善則被罪黜不如雖無親而仁者必有爵祿也文燦謹案上云予小子履云云孔氏注曰墨子引湯誓其詞若此也若雖有周親數語果爲泰誓之文孔氏豈猶不知之且孔注論語以周爲殷周之周而引管蔡微箕以釋之豈注尙書遂以周爲至言紂至親雖多不如周家之少仁人而啇之才又不如周其相懸絕如是是豈出於一手乎此乃東晉梅賾所獻僞書之確據皇氏不辨而反稱之失之已

興滅國繼絕世

皇氏云興滅國者若有國爲前人非理而滅之者新王當更爲興起之也云繼絕世者若賢人之世被絕不祀者當爲立後係之使得仍享祀也文燦謹案鄭君駁五經異義卿得世不引論語興滅國繼絕世云國謂諸侯世謂卿大夫何邵公左氏膏肓於昭七年傳子產立公孫洩及良止以撫之言子產立良止以託繼絕皇氏之說與鄭何合是也

右論語皇疏考證十卷淸桂文燦撰文燦字皓亭廣東南海人道光己酉舉人事跡見淸史儒林傳及續碑傳集所著經學叢書十餘種未盡刻前得孟子趙注考證印入丙子叢編今又得此鈔本亟爲校印案梁皇侃論語義疏著於隋書經籍志經典釋文宋國史志中興書目郡齋讀書志遂初堂書目至陳振孫書錄解題始闕不載朱子集注亦未徵引知亡失在南宋時乾隆中浙人汪翼滄得日本寬延庚午根本伯修氏刊本鮑以文重刊入知不足齋叢書四庫據以著錄其書始

顯然當時有致疑於已經竄改者如孫氏志祖謂述而篇子行三軍則誰與釋文云皇音餘今義疏仍讀如字子溫而厲釋文云皇本作君子今義疏仍作子與陸德明所見本異疑出竄改文燦則謂與之仍讀如字蓋疏家例不違注此本釋孔氏注亦唯當與已俱句故云然而音餘之義當爲皇氏一已之說陸氏別有所本以箸有先後故各有異同子溫而厲據下子張篇君子有三變章義疏則本作君子此爲脫漏之明證與阮氏校勘記說同皆足益堅後人之信而合於提要所謂遞相傳寫偶然譌舛未嘗有所竄易之說也皇氏所據各家注釋何晏所集七家并已爲八江熙所集十四家外自所集又二十八家熊埋師說王弼張憑王肅顧歡梁覬沈居士顏延之沈峭王朗殷仲堪張封溪秦道賓琳公太史叔明季彪繆協虞喜苞述陸特進褚仲都江長劉歆庾翼樊光范升蔡克於漢魏以來遺說搜采甚備又夙通三禮學有本源故所疏在後來邢昺之上文燦考證能別白是非申證舊說亦皇氏之功臣已往見海寧吳氏騫論語義疏參訂稿本亡友歙吳氏承仕亦據日本所傳舊鈔十種詳爲比勘成校理若干卷他日得而并刊之庶爲治

皇疏者之一助乎歲在庚辰十月吳縣王大隆跋